Thomas Kreitmair

Chipkarte und Internet als neue Medien im Zahlungs

Bibliografische Information der Deutschen Nationalbibliothek:

Bibliografische Information der Deutschen Nationalbibliothek: Die Deutsche Bibliothek verzeichnet diese Publikation in der Deutschen Nationalbibliografie; detaillierte bibliografische Daten sind im Internet über http://dnb.d-nb.de/ abrufbar.

Copyright © 1996 Diplomica Verlag GmbH
Druck und Bindung: Books on Demand GmbH, Norderstedt Germany
ISBN: 9783838638096

http://www.diplom.de/e-book/219486/chipkarte-und-internet-als-neue-medien-im-zahlungsverkehr

Thomas Kreitmair

Chipkarte und Internet als neue Medien im Zahlungs-verkehr

Diplom.de

Thomas Kreitmair

Chipkarte und Internet als neue Medien im Zahlungsverkehr

Diplomarbeit
an der Katholischen Universität Eichstätt
Fachbereich Wirtschaftswissenschaften
Lehrstuhl für Lehrstuhl für Allgemeine Betriebswirtschaftslehre,
Finanzierung und Bankbetriebslehre, Prof. Dr. Leo Schuster
8 Monate Bearbeitungsdauer
Mai 1996 Abgabe

Diplom.de

Diplomica GmbH
Hermannstal 119k
22119 Hamburg

Fon: 040 / 655 99 20
Fax: 040 / 655 99 222

agentur@diplom.de
www.diplom.de

ID 3809

ID 3809
Kreitmair, Thomas: Chipkarte und Internet als neue Medien im Zahlungsverkehr /
Thomas Kreitmair · Hamburg: Diplomica GmbH, 2001
Zugl.: Eichstätt, Universität, Diplomarbeit, 1996

Diplomica GmbH
http://www.diplom.de, Hamburg 2001
Printed in Germany

B/043/96

Inhaltsverzeichnis

Abkürzungsverzeichnis

Abb.	Abbildung
AG	Aktiengesellschaft
AGB	Allgemeine Geschäftsbedingungen
ARPA	Advanced Research Projects Agency
ATM	Automated Teller Machine
Aufl.	Auflage
Bd.	Band
bps	bit per second
BTX	Bildschirmtext
BWL	Betriebswirtschaftslehre
bzw.	beziehungsweise
ca.	circa
CERN	Conseil Européen pour la Recherche Nucléaire
CPU	Central Processing Unit
DES	Data Encryption Standard
d.h.	das heißt
DM	Deutsche Mark
Dr.	Doktor
ec	Eurocheque
EDV	Elektronische Datenverarbeitung
EEPROM	Electronic Erasable Programmable Read Only Memory
eG	eingetragene Genossenschaft
ELV	Elektronisches Lastschriftverfahren
engl.	englisch
EPROM	Electronic Programmable Read Only Memory
etc.	et cetera
e.V.	eingetragener Verein

evtl.	eventuell
E²PROM	siehe EEPROM
FAQ	Frequently Asked Questions
f.	folgende [Seite]
ff.	folgende [Seiten]
FV	First Virtual
GmbH	Gesellschaft mit beschränkter Haftung
GG	Grundgesetz
GMD	Gesellschaft für Mathematik und Datenverarbeitung
GZS	Gesellschaft für Zahlungssysteme
Hrsg.	Herausgeber
http	hypertext transfer protocol
HWiG	Haustürwiderrufsgesetz
IBM	International Business Machines Corporation
IC	Integrated Circuit
IETF	Internet Engineering Task Force
Inc.	Incorporated
insbes.	insbesondere
IP	Internet Protocol
ISDN	Integrated Services Digital Network
ISO	International Organization for Standardization
Jg.	Jahrgang
Kbits	Kilobits
Kfz	Kraftfahrzeug
MM	maschinenlesbares Merkmal
Nr.	Nummer
o.J.	ohne Jahr
OLV	Online Lastschriftverfahren
o.O.	ohne Ort
o.V.	ohne Verfasser

PC	Personal Computer
PIN	persönliche Identifikationsnummer
POS	Point of Sale
POZ	Point of Sale ohne Zahlungsgarantie
Prof.	Professor
PTT	Post, Telefon, Telegraf
RAM	Random Access Memory
ROM	Read Only Memory
RSA	Verschlüsselungsalgorithmus von Rivest, Shamir, Adleman
S.	Seite
SB	Selbstbedienung
sek.	Sekunde(n)
SEPP	Secure Electronic Payment Protocol
SFNB	Security First Network Bank
sog.	sogenannte(r)
Sp.	Spalte
SSL	Secure Socket Layer
STARCOS	Smart Card Chip Operating System
StPO	Strafprozeßordnung
TAN	Transaktionsnummer
TCP	Transfer Control Protocol
TM	Trademark
USA	United States of America
usw.	und so weiter
UV	ultraviolett
Vgl.	vergleich(e)
Vol.	Volume
WDR	Westdeutscher Rundfunk
WWW	World Wide Web

z.B.   zum Beispiel

ZKA   Zentraler Kreditausschuß

Abbildungsverzeichnis

1. Der Einsatz neuer Technologien im Bankensektor - Chance oder Gefahr?

1.1 Problemstellung

In den letzten Jahren hat sich der Wettbewerb sowohl im Interbankenbereich als auch zwischen Banken und 'Non'- oder 'Near-Banks' zunehmend verschärft. Heute dient vor allem der Zahlungsverkehr vielen Netzanbietern, Kartengesellschaften usw. als „strategischer Ansatzpunkt zur Markterschließung"[1]. Hinzu kommt, daß sich die ursprünglich nationalen Märkte zu einem globalen Markt entwickelt haben, auf dem nationale Rahmenbedingungen nicht mehr gelten, die Konkurrenz sich aber verstärkt hat. Zusätzlich kämpfen die Banken mit hohen Kosten im Mengengeschäft und sind gezwungen, ihre bisherige Vertriebspolitik teilweise gravierend zu verändern. Dies könnte z.B. eine Umstrukturierung oder Schließung von Filialen beinhalten.[2]

Die notwendige Veränderung der bisherigen Vertriebspolitik könnte gleichzeitig dazu führen, daß auch oder gerade im Mengengeschäft verstärkt Technik eingesetzt wird. Dadurch würde sich ein seit Jahrzehnten geltendes Grundprinzip des Bankgeschäftes, wonach „Banking (...) people and systems"[3] sei, in Richtung „systems" verschieben.

Die auf der Basis der seit den 60er Jahren verstärkt genutzten Girokonten entwikkelten neue Instrumente im Zahlungsverkehr wie z.B. die Euroscheck-Karte mit Magnetstreifen und später das Angebot, Bankgeschäfte via Bildschirmtext zu tätigen, waren und sind jedoch mit Mängeln gerade in der Benutzerfreundlichkeit behaftet. Inzwischen haben sich durch die technische Entwicklung, insbesondere der zunehmenden Miniaturisierung in der Elektronik und der fortschreitenden weltweiten Vernetzung von Computersystemen, neue Medien herausgebildet, die in vielen Bereichen des modernen Lebens und damit auch im Zahlungsverkehr Anwendung finden. Hervorzuheben sind dabei besonders die Chipkarte als Datenspeicher und das Internet als Kommunikationsmedium, die in der aktuellen Diskussion eine be-

---

[1] Walkhoff, Henner, Zahlungsverkehr im Wandel, in: Deutsche Sparkassen Zeitung, 59. Jg., Ausgabe Nr. 20 vom 12. März 1996, S. VI (Beilage CeBIT '96).
[2] Vgl. Schuster, Leo, Trends im deutschen Bankwesen, in: Zeitschrift für das gesamte Kreditwesen, 48. Jg., Ausgabe Nr. 18 vom 15.09.1995, S. 921.
[3] Heitmüller, Hans-Michael, Es bleibt nichts wie es war, in: Deutsche Sparkassen Zeitung, 59. Jg., Ausgabe Nr. 20 vom 12.03.1996, S. 1.

sondere Aufmerksamkeit auf sich ziehen. Im Zahlungsverkehr könnte so die Chip-karte beispielsweise die Magnetstreifenkarte ersetzen und darüber hinaus über weitere Funktionen wie einer „elektronischen Geldbörse" als möglichem Bargel-dersatz verfügen. Das Internet könnte als Plattform für die Tätigung von Bankge-schäften dienen und damit einen Ersatz für das Home-Banking via BTX darstellen. Überdies wäre es über das Internet möglich, ohne unmittelbare Einschaltung einer Bank mit einem Verkäufer einen Kaufvertrag zu schließen und dabei die Bezahlung über das Netz abzuwickeln. Damit bekäme das Internet zusätzlich die Eigenschaft eines „virtuellen" Point of Sale.

Gleichzeitig mit dem verstärkten Konkurrenzdruck, den hohen Kosten und den neuen Möglichkeiten der Technisierung ist von Seiten der Kunden ein Anstieg der Ansprüche an ihre Kreditinstitute und deren Dienstleistungen festzustellen. Durch die zunehmende Markttransparenz bei den Angeboten der Banken wird es für diese immer schwerer, einen Kunden auf Dauer an sich zu binden.

Die Bank befindet sich somit in einem Spannungsfeld, das von einem verschärften Wettbewerb zwischen den Banken einerseits und den gestiegenen Ansprüchen der Kunden andererseits gekennzeichnet ist.

In dieser Arbeit wird deshalb untersucht, ob die neuen Medien im Zahlungsverkehr, die Chipkarte und das Internet, einen Beitrag dazu leisten können, dieses Span-nungsfeld aufzulösen, indem die Kosten der Banken gesenkt und gleichzeitig die Aufrechterhaltung von Serviceleistungen und Qualität ermöglicht werden.

1.2 Gedankengang der Arbeit

Die vorliegende Arbeit gliedert sich in fünf Abschnitte. Nach dem einführenden Kapitel werden die multifunktionalen Medien Chipkarte und Internet vorgestellt und in den Bereich des Zahlungsverkehrs eingeordnet. Dazu ist ein Überblick über die Entwicklungen und Tendenzen im elektronischen Zahlungsverkehr notwendig, der zuvor gegeben wird.

Im dritten Kapitel der Arbeit werden das Internet und das Medium Prozessorchip-karte auf ihre Tauglichkeit im Zahlungsverkehr anhand der Kriterien Benutzer-freundlichkeit, Kosten und Sicherheit analysiert.

Bei der Betrachtung des Kriteriums „Benutzerfreundlichkeit" werden, ausgehend von den sogenannten „klassischen" Bankdienstleistungen, zuerst die durch die Medien ermöglichten neuen Anwendungen vorgestellt. Obwohl dies aus der Sicht des Nutzers, also des Kunden, geschieht, hat die Benutzerfreundlichkeit durch die Wettbewerbsposition der Banken auch unmittelbare Rückwirkungen auf die Bankperspektive.

Die sich durch die Benutzung dieser neuen Medien ergebenden Kostenveränderungen werden im Anschluß daran untersucht. Dabei erscheint es sinnvoll, nach den jeweiligen Beteiligten, also den Händlern, der Bank und den Kunden, zu trennen, da Kostenveränderungen bei ihnen aus unterschiedlichen Gründen ausgelöst werden und sich verschieden auswirken.

Das dritte Kriterium der Analyse stellt die Sicherheit der Instrumente dar. Darunter sollen die Vorkehrungen, welche die Benutzung der Medien absichern sollen, und die Gefahrenquellen, die sich aus der Handhabung der neuen Medien ergeben, subsumiert werden.

Am Ende der Analyse soll betrachtet werden, inwieweit Chipkarte und Internet im Zahlungsverkehr bereits eine praktische Umsetzung erfahren haben und welche Erfahrungen mit ihnen gesammelt wurden.

Im vierten Kapitel werden die Auswirkungen des Einsatzes von Chipkarte und Internet im Zahlungsverkehr nun auf die Gesellschaft insgesamt und deren Subsysteme betrachtet. Dabei geht es um politische, volkswirtschaftliche und rechtliche Fragestellungen.

Im letzten Teil werden die Ergebnisse der Analyse der beiden Anwendungen zusammengefaßt, bewertet und ein Ausblick gegeben, wie der Zahlungsverkehr sich in den nächsten Jahren verändern könnte.

2. Der Einsatz von Chipkarte und Internet im elektronischen Zahlungsverkehr

Die in dieser Arbeit diskutierte Einführung neuer Medien beruht auf einem enormen Veränderungsprozeß des Zahlungsverkehrs in den letzten 30 Jahren. Es scheint deshalb geboten, vor der Analyse einen Abriß dieser Entwicklung aufzuzeigen, die zur Diskussion stehenden Medien vorzustellen und diese anschließend in den Zahlungsverkehr einzuordnen.

2.1 Die Entwicklung des Zahlungsverkehrs in den letzten 30 Jahren als Vorbedingung für den Einsatz von neuen Medien

Nach Hagenmüller umfaßt der Zahlungsverkehr alle baren und bargeldlosen Zahlungen, die Kreditinstitute für sich oder ihre Kunden tätigen. Dabei unterscheidet er im Zahlungsverkehr zwischen Bargeld, Buchgeld und Geldsurrogaten.[4]

Ebenso wie nach den Zahlungsmitteln kann auch eine Unterscheidung nach den Zahlungsformen erfolgen: nach Barzahlung, halbbarer Zahlung und bargeldloser Zahlung.[5]

Seit etwa 30 Jahren findet die zunehmende Automatisierung auch im Bankensektor ihren Niederschlag. Hervorgerufen durch wachsenden Wettbewerb, Personalknappheit, steigende Lohnkosten und die Einführung der 5-Tage-Woche bei gleichzeitigem Beginn der bargeldlosen Lohn- und Gehaltszahlungen, welche einen sprunghaften Anstieg der Geschäftsvorfälle verursachten, wuchs der Druck auf die Kreditinstitute, mit Hilfe der verfügbaren Technik zu rationalisieren.[6] Da alleine durch eine weitere Mechanisierung der Arbeitsabläufe eine Kostensenkung nicht zu erzielen war, kam es zu einer Automatisierung der Belegverarbeitung durch den

---

[4] Vgl. Hagenmüller, Karl Friedrich / Jacob, Adolf-Friedrich, Der Bankbetrieb, Band II, Kredite und Kreditsurrogate, 5. Aufl., Wiesbaden 1987, S. 153; eine genauere Definition findet sich bei Büschgen, Hans E., Zahlungsverkehr, nationaler und internationaler, in: Albers, Willi (Hrsg.), Handwörterbuch der Wirtschaftswissenschaft, Stuttgart-New York-Tübingen-Göttingen-Zürich 1982, S. 569f.
[5] Vgl. Diepen, Gerhard / Sauter, Werner, Wirtschaftslehre für den Bankkaufmann, 2. Aufl., Wiesbaden 1989, S. 298.
[6] Vgl. Mura, Jürgen, Sparkassenorganisation und technischer Fortschritt (1) - Die Phase der Mechanisierung - Historische Dokumentation, in: Sparkasse, 101. Jahrgang, Ausgabe 3/1984, S. 111-117; zitiert nach Harmsen, Dirk-Michael / Weiß, Gerhard / Georgieff, Peter, Automation im Geldverkehr - Wirtschaftliche und soziale Auswirkungen", Opladen 1991, S. 45.

verstärkten Einsatz von Computern der zweiten Generation, die Elektronische Datenverarbeitung (EDV) ermöglichten. Dieser Einsatz wird auch als die erste Phase der Zahlungsverkehrsautomation angesehen.[7]

Durch die weitere Verbreitung der EDV bei größeren Unternehmen wurde es ab ca. 1970 möglich, Massenzahlungsverkehrsaufträge gleich beim „Verursacher" des Buchungsaufwandes zu automatisieren und die beleghaften Zahlungsaufträge durch beleglosen Datenträgeraustausch zu ersetzen. Dabei werden die Datensätze auf einem Datenträger gespeichert und anschließend bei der Bank eingereicht. Deren Bearbeitung wurde damit wesentlich kostengünstiger.

Die dritte Phase der Automation im Zahlungsverkehr begann etwa 10 Jahre später. Kennzeichnend dafür ist die „Weitere Reduzierung des Belegvolumens durch Umwandlung beleghafter Zahlungsverkehrsaufträge in elektronische Datensätze"[8], wobei nun Belege bereits an der erstmöglichen Stelle in elektronische Datensätze umgewandelt und anschließend nur noch elektronisch weitergeleitet wurden. Dafür wurden Terminals in den Bankstellen und ein Netzwerk zwischen den Kreditinstituten und ihren Rechenzentralen eingerichtet. Darüber hinaus erfolgte die Vernetzung der Rechenzentren untereinander. Des weiteren umfaßte diese Phase auch die Substitution des Datenträgeraustausches durch die Weiterleitung der Datensätze über die Telekommunikationsnetze.

Als vierte Phase der Zahlungsverkehrsautomation kann nach Harmsen die Einführung der „kartengesteuerte(n) Kundenselbstbedienung"[9] gesehen werden. Die weitere Einteilung der Teilbereiche und ihre Bezeichnungen sind jedoch nicht einheitlich. Harmsen unterteilt die vierte Phase in Bankautomation (Geldausgabeautomaten, Kontoauszugsdrucker und Automated Teller Machines (ATM)[10], seit ca. 1980), Electronic Banking (z.B. BTX, seit ca. 1985) und Electronic Point of Sale-Systeme (POS-Systeme, seit ca. 1985). Bei allen drei Teilbereichen handelt es sich um Elemente der Kundenselbstbedienung im Rahmen des Zahlungsverkehrs. Auch Waschkowski verwendet diese Dreiteilung der vierten

---

[7] Vgl. Harmsen/Weiß/Georgieff (1991), S. 46ff.

[8] Harmsen/Weiß/Georgieff (1991), S. 76.

[9] Harmsen/Weiß/Georgieff (1991), S. 47.

[10] Als ATM werden sog. „Selbstbedienungs-Bankterminals" bezeichnet, an denen zusätzlich zur Bargeldausgabe auch andere Bankdienstleistungen wie Überweisungen oder Kontoabfragen nachgefragt werden können; vgl. Stahel, Rolf, Die PTT als Substitutionskonkurrentin der Banken im Zahlungsverkehr, in: Schuster, Leo (Hrsg.), Revolution des Zahlungsverkehrs durch Automation, Stuttgart 1984, S. 133.

Phase der Zahlungsverkehrsautomation, unterteilt jedoch den Selbstbedienungsbereich in einen Bereich „im engeren Sinne" und einen „im weiteren Sinne"[11].

Begünstigt durch die fortlaufende Entwicklung in der Mikroelektronik, die zu einer stetigen Vergrößerung der Speicherkapazität auf immer kleineren Strukturen bei gleichzeitigem Sinken der Herstellungskosten führte, und der zunehmenden Verschmelzung der Telekommunikation mit der Datenverarbeitung entwickelten sich neue Medien wie die Chipkarte und das Internet.

2.2 Die neuen Medien Chipkarte und Internet

2.2.1 Die Chipkarte

Die Chipkarte spielt in der aktuellen Diskussion über die Einführung neuer Medien im Zahlungsverkehr eine herausragende Rolle, obwohl sie ein noch relativ junges Medium ist. Aus diesem Grund sollen die Schritte der Kartenentwicklung und die Arten von Chipkarten kurz erläutert werden.

2.2.1.1 Die Entwicklung der Chipkarte

Die zunehmende Verkleinerung der Strukturen eines Transistors ermöglichte erst 1968 die Anmeldung erster Patente der „Gesellschaft für Automation und Organisation" auf Erfindungen im Bereich der Chipkarte.[12] Im Jahr 1974 folgte ein Patent von Roland Moreno für ein „System zur Speicherung von Daten in einem unabhängigen, tragbaren Gegenstand"[13]. Durch die weitere Miniaturisierung in der Elektronik wurde es 1975 möglich, erste Chipkarten zu Demonstrationszwecken vorzustellen.[14]

---

[11] Waschkowski, Hans, SB-Terminals: Künftige Relevanz aus Sicht der Kreditinstitute, in: Ploenzke (Hrsg.), Electronic Banking im Vertrieb, Wiesbaden 1995, S. 26ff, unter Selbstbedienung im engeren Sinne werden dabei Terminals am Bankenstandort verstanden, unter SB im weiteren Sinne können jedoch auch Home-Banking und POS-System subsumiert werden.

[12] Vgl. Giesecke & Devrient, Chipkarten, o.O. o.J., S. 6 und auch Otto, Siegfried, Das deutsche Kreditgewerbe hat die neuesten Technologien im Zahlungsverkehr im Griff, in: geldinstitute, 17. Jg., Ausgabe 4/86, S. 44.

[13] Borchert, Jörg, Die Chipkarte zwischen Innovation und Zahlungskultur, in: cards Karten cartes, 6. Jg., Ausgabe 3/August 1995, S. 24.

[14] Vgl. Nowak, Richard / Röder, Walter, Die Chip-Karte - nächste Generation der Automatenkarte, in: Betriebswirtschaftliche Blätter, 31. Jg., Ausgabe 2/82, S. 49.

1978 kamen dann die ersten mit Speicherchips versehenen Karten auf den Markt und 1983 erfolgte eine erste Serienproduktion von Chipkarten für den Einsatz im Zahlungsverkehr bei einem französischen Feldversuch[15]. Dort wurden zum ersten Mal in größeren Mengen Chipkarten eingesetzt. In ganz Frankreich dienen sie seit Mitte der 80er Jahre bis heute beim Zugriff auf Konten als Identifikationskarte gegenüber Automaten.[16] In der zweiten Hälfte der 80er Jahre brachte die damalige Deutsche Bundespost mit Chips versehene Plastikkarten als Telefonkarten in Umlauf.[17]

Inzwischen wurden die Lage des Chips, seiner Kontakte und die Sicherheitseigenschaften international standardisiert.[18] Dabei fanden auch weitere Kartenmerkmale wie der Magnetstreifen Berücksichtigung.[19] Dieser wird für die Übergangszeit, in der die Bankkarte eine Hybridkarte[20] darstellt, benötigt. Die Standardisierung beinhaltet dabei den gesamten Lebenszyklus einer Chipkarte von ihrer Entwicklung bis zum Ungültigwerden der Karte.[21]

2.2.1.2 Aufbau und Arten der Chipkarte

Auf den ersten Blick ist die Chipkarte „eine Plastikkarte, die mit einem elektronischen Bauelement (Chip) ausgestattet ist"[22]. Näher betrachtet, ist das nach außen sichtbare Bauteil lediglich eine Goldfolie, über die die Kommunikation mit der Außenwelt stattfindet.[23] Was sich unter der Goldfolie verbirgt, kann jedoch unterschiedlich sein. Je nach der Leistungsfähigkeit und der benutzten Bausteine lassen sich vier Typen von Chips unterscheiden: die einfache Speicherkarte, die das Be-

---

[15] Vgl. Giesecke & Devrient (o.J.), S. 6.

[16] Vgl. Borchert (1995), S. 24.

[17] Vgl. Giesecke & Devrient (o.J.), S. 6.

[18] Die Lage des Chips und seiner Kontakte ist in der ISO-Norm 7816, die Sicherheitseigenschaften in ISO 10202 festgehalten; vgl. dazu Kruse, Dietrich, Der Chipkarte gehört die Zukunft, in: Betriebswirtschaftliche Blätter, 44. Jg., Ausgabe 5/95, S. 243.

[19] Vgl. Jejina, Igor, Der Chipkarte gehört die Zukunft, in: Betriebswirtschaftliche Blätter, 43. Jg., Ausgabe 1/94, S. 13.

[20] Eine Hybridkarte ist eine Kombination verschiedener Kartentechnologien; vgl. Straub, Ewald, Electronic Banking - Die elektronische Schnittstelle zwischen Banken und Kunden, Diss., Bern-Stuttgart 1990, S. 175.

[21] Vgl. Kruse (1995), S. 243.

[22] Wigand, Winfried, Die Karte mit dem Chip, Berlin-München 1991, S. 17; nach engl. „integrated circuit" wird die Prozessor-Chipkarte auch IC-Karte genannt. Dabei wird der Chip bei der Herstellung fest in eine Karte integriert, deren Abmessungen der heute verwendeten Magnetstreifenkarte entsprechen; vgl. ebd., S. 31ff.

[23] Vgl. Borchert (1995), S. 24.

schreiben und Lesen von Informationen zuläßt, ohne daß dabei Sicherheitsfunktionen berücksichtigt würden; die intelligente Speicherkarte, die für die Freigabe mancher Bereiche die Eingabe einer Personalen Identifikationsnummer (PIN) erfordert; eine multifunktionale Prozessorchipkarte mit aufwendiger Sicherheitslogik, bei der ein Mikroprozessor die Vorgänge überwacht; und schließlich als weitere Entwicklung die sogenannte „Super-Smartcard" mit eigener Tastatur und Anzeige auf der Karte.[24]

Die einfache Speicherkarte besitzt lediglich einen nichtflüchtigen Speicher (ca. 2 Kilobyte[25]), der jedoch schon zehnmal größer ist als der Speicher einer Magnetstreifenkarte (178 Byte[26]). Dieser nichtflüchtige Speicher wird EPROM (Electronic Programmable Read Only Memory) oder EEPROM (auch E²PROM, Electronic Erasable Programmable Read Only Memory) genannt, je nachdem, ob er nach dem vollständigen Beschreiben wiederverwendbar, d.h. löschbar ist (EEPROM) oder nicht (EPROM).[27] Mittelfristig werden Speicherkapazitäten in der Größe von 256 Kilobyte bis 1 Megabyte angestrebt.[28]

Speicherkarten werden heute insbesondere als Telefonkarten verwendet, da diese in der Produktion günstig und in der Entwicklung einfach sind, trotzdem aber eine hohe Flexibilität aufweisen.[29] Daß sie jedoch Sicherheitslücken aufweisen, läßt sich z.B. an gefälschten Telefonkarten erkennen.[30]

Die intelligente Karte verfügt im Gegensatz zur einfachen Speicherkarte über eine festverdrahtete Logik, die zusätzlich den Zugriff zu den gespeicherten Bereichen steuert. Damit kann die Möglichkeit des Schreibens oder Lesens von Daten auf der Karte von der korrekten Eingabe einer PIN abhängig gemacht werden. Diese Karte wird vor allem als vorbezahlte Wertkarte oder Betriebsausweis verwendet.[31]

---

[24] Vgl. Wigand (1991), S. 54.
[25] Vgl. Gaal, Winfried, Was macht eine gute Chipkarte aus?, in: cards Karten cartes, 5. Jg., Ausgabe 1/94, S. 12.
[26] Vgl. Gaal (1994), S. 12.
[27] Vgl. Kruse (1995), S.243 und Wigand (1991), S. 55; EPROM-Speicher sind nur mit UV-Licht wieder zu löschen, EEPROM-Speicher hingegen mit Hilfe elektrischer Signale; vgl. Gaal (1994), S. 11.
[28] Vgl. Wigand (1991), S. 51.
[29] Vgl. Wigand (1991), S. 26.
[30] Bei den im vergangenen Jahr bekannt gewordenen Fall wurde versucht, mit manipulierten Chips die Kartenlesegeräte zu täuschen. Diese Problematik wäre hingegen mit Smartcards vermeidbar gewesen. Vgl. Meyer, Carsten, Gezinkte Karten, in: c't, o.J., Ausgabe 11/95, S. 24f.
[31] Vgl. Jejina (1994), S. 13.

Die Smartcard, auch Prozessorchipkarte genannt, deren Speicher den der Magnet-streifenkarte um den Faktor 100 übertrifft[32], verfügt hingegen über weitere Bau-steine, die eine Zugriffskontrolle ermöglichen. Zusätzlich zu den bereits oben er-wähnten nichtflüchtigen Speichern umfaßt die Chipkarte auch einen Festspeicher (ROM), einen Arbeitsspeicher (RAM) und einen Mikroprozessor, die sogenannte Central Processing Unit (CPU).[33] Durch diese weiteren Elemente wird dieser Chip vom einfachen Speicher zum Mikrocomputer, der auch über ein Betriebssystem verfügt.[34] Dieses ermöglicht die Wahrnehmung von Rechenvorgängen oder die Überwachung der einzelnen Chipbestandteile. Durch kryptographische Algorith-men vollzieht das Betriebssystem eine gegenseitige Authentisierung von Karte und Gerät, die Verschlüsselung von Daten oder die Erzeugung von Zufallszahlen. Eine weitere Funktion, die das Betriebssystem erfüllt, ist die interne Abwicklung von Verarbeitungsschritten, die sonst extern verlaufen müßte (z.B. die Prüfung der PIN). Durch die sichere Ablage von kryptographischen Daten und PIN auf der Karte sind diese Daten ausschließlich für die Software der Karte verfügbar. Des-weiteren protokolliert das Betriebssystem die mit der Karte vollzogenen Vorgänge.

Da eine Karte für die Anwendung in mehreren verschiedenen Bereichen geeignet ist, ermöglicht es das Betriebssystem[35] ebenso, daß diese Einsatzmöglichkeiten nicht miteinander kollidieren und so unabhängig von einander genutzt werden kön-nen. Anwendungen, die zum Zeitpunkt der Ausgabe der Karte technisch noch nicht realisiert waren, können später nachgeladen und dem Nutzer zur Verfügung ge-stellt werden.[36]

Der bedeutendste Unterschied zwischen der Magnetstreifenkarte und einer Chip-karte ist ihre Multifunktionalität. So sind auf einer einzigen Chipkarte eine Vielzahl

---

[32] Vgl. Schuster, Leo /Wagner, Andreas, Security aspects of card systems, in: tec, o.J., Ausga-be 1/95, S. 39.

[33] Vgl. Effing, Wolfgang, Welcher Chip für welche Karte?, in: cards Karten cartes, 6. Jg., Aus-gabe 3/95 , S. 27f.

[34] Ein vertiefter Einblick in den Aufbau eines Chips findet sich bei: Weikmann, Franz, Smart-Card Chips - Technik und weitere Perspektiven, in: Der GMD-Spiegel, 22. Jg., Ausgabe 1/92, S. 35ff.

[35] Vgl. Gaal (1994), S. 13; als Beispiel kann hier das Betriebssystem „STARCOS" von Giesecke und Devrient aufgeführt werden. Vgl. Struif, Bruno, Das SmartCard-Anwendungspaket STAR-COS, in: Der GMD-Spiegel, 22. Jg., Ausgabe 1/92, S. 28ff.

[36] Damit wird auch eine Forderung des Zentralen Kreditausschusses erfüllt, eine flexible Reakti-on auf „Umfeldänderungen oder neue Markterfordernisse" zu ermöglichen; vgl. dazu Rodewald, Bernd, Die geschäftspolitische Bedeutung der Chipkartentechnologie, in: cards Karten cartes, 5. Jg., Ausgabe 1/94, S. 9.

von Anwendungen denkbar, die aber unabhängig voneinander betrieben werden können. (Vgl. Abb. 1) Zusätzlich könnten ein elektronisches Parkticket[37] oder ein elektronischer Kfz-Schlüssel bzw. eine Wegfahrsperre[38] realisiert werden.

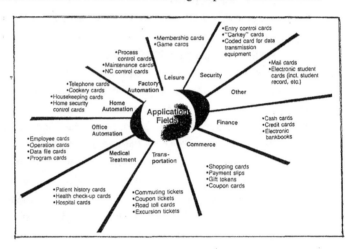

Abb. 1: Anwendungsfelder der Chipkarte[39]

Die Karten mit integriertem Prozessor sind mit den einfachen Speicherkarten der 80er Jahre auch deshalb nicht mehr zu vergleichen, da sie durch ihre Prozessoren, ihre Handlichkeit und Stabilität Funktionen des Geldes übernehmen können. Dazu zählen im Besonderen die Zahlungsmittel-, Recheneinheits- und Wertaufbewahrungsfunktion.[40] Deren Umsetzung erfolgt bei einer elektronische Geldbörse, bei der es sich prinzipiell wie bei der Telefonkarte um eine Wertkarte handelt. Diese kann jedoch nach verschiedenen Kriterien klassifiziert werden.[41]

---

[37] Vgl. o.V., Datenschutzbeauftragter lobt die ParkCard in: Süddeutsche Zeitung, 51. Jg., Nr. 294 vom 21.12.95, S. 43.
[38] Vgl. Gaal (1994), S. 15.; vgl. ebenso o.V., Das Zeitalter des Multifunktionalen Chips ist angebrochen, in: GZS-Report, o.J., Ausgabe 2/94, S. 7f.
[39] Entnommen aus Struif, „Chipkarten - eine neue Dimension in der Informationstechnik", in: Minister für Wirtschaft, Mittelstand und Technologie des Landes Nordrhein-Westfalen (Hrsg.), „Neues im Westen - Chipkartentechnologie", Düsseldorf 1988, S. 1.
[40] Vgl. Borchert (1995), S. 24.
[41] Es kann dabei eine Unterscheidung nach der Zahl der beteiligten Personen, nach der Zahl der damit zu begleichenden Dienste und nach der Möglichkeit des Beitritts weiterer Anbieter durch-

Das Speichervermögen der aus technischen Gründen auf 25 mm² begrenzten Karte belief sich 1994 auf einen Bereich zwischen 8 und 64 Kbits. Durch zunehmende Verkleinerung der Strukturen auf dieser durch die mechanischen Anforderungen begrenzten Fläche ist es jedoch möglich, die Packungsdichte und damit die Speicherkapazität immer weiter zu erhöhen.[42]

Aufgrund des heutigen Standes der technischen Entwicklung bezieht sich die aktuelle Diskussion um die Einführung einer Chipkarte im Zahlungsverkehr deshalb auf die Einführung einer Prozessorchipkarte.[43] Diese soll im folgenden im Mittelpunkt der Analyse stehen.

2.2.2 Das Internet

Ebenso wie die Chipkarte stellt das Internet ein sehr junges Medium dar. Da viele Aspekte in der Analyse aus seiner Geschichte und Struktur resultieren, soll auch dieses hier kurz vorgestellt werden.

2.2.2.1 Die Entwicklung des Internets

Das Internet ist ein weltweites Netzwerk, das durch viele weltweit verbundene Computernetzwerke gebildet wird und eine Kommunikation zwischen diesen ermöglicht.[44] In den letzten 25 Jahren wird das ursprünglich für militärische Zwecke[45] konzipierte Netzwerk zunehmend auch im zivilen Bereich genutzt. Anfangs sehr stark in Forschungseinrichtungen genutzt, findet das Internet in den letzten Jahren auch kommerziell immer größere Verbreitung.

---

geführt werden; vgl. Klein, Stephan / Kubicek, Herbert, Elektronische Geldbörse auf dem Vormarsch, in: Bank Magazin, o.J., Ausgabe 4/95, S. 37f.

[42] Vgl. Jejina (1994), S. 13.

[43] Diese wird vereinfachend im Folgenden nur noch als „Chipkarte" bezeichnet. Eine Weiterentwicklung der Prozessorchipkarte stellt zwar die kontaktlose Chipkarte dar, doch kann diese wegen mangelnder Standardisierung noch nicht im Massenzahlungsverkehr eingesetzt werden; vgl. dazu Kruse (1995), S. 241 und Wigand (1991), S. 35.

[44] Vgl. Nolden, Mathias, Das World Wide Web im Internet, Frankfurt/Main-Berlin 1995, S. 14.

[45] Die Problemstellung in den 60er Jahren bestand darin, die Kommunikation der „amerikanischen Regierungsstellen auch nach einem Atomschlag noch sicher und effektiv" zu gestalten. Damit das Kommunikationsnetz möglichst unverwundbar sei, mußte es deshalb dezentral angelegt sein; vgl. Yogeshwar, Ranga / Hallet Thomas, Die Datenautobahn - Einfach erklärt, Band der Schriftenreihe Quarks Script, hrsg. von WDR Fernsehen, o.O. o.J., S. 10.

Im Gegensatz zur Chipkarte jedoch, bei der eine konkrete Plastikkarte mit Chip den Zugang zu bestimmten Dienstleistungen erlaubt, ist das Internet nur rein „virtuell" vorhanden, das heißt, es existiert nur als Verbindung von vielen lokalen Netzwerken. Es ist also ein dezentrales, „weltweites Netz aus miteinander verknüpften Computern"[46]. Dabei funktioniert dieses Datennetz wie eine „Autobahn, wobei an jeder Auffahrt lediglich ein Computer angeschlossen ist"[47].

Die Weiterleitung von Daten ähnelt dabei weniger einem Telefongespräch, bei dem eine feste Leitung zwischen den Austauschenden bestehen muß, sondern eher der Versendung eines Briefes. Dabei wird ein Blatt (Datenpaket) beschrieben und wenn dieses voll ist, über die Post (hier über ein „default gateway", d.h. eine Schnittstelle nach außen) auf den Weg gebracht; danach wird das nächste Blatt beschrieben usw. Das Datenpaket nähert sich so Schritt für Schritt dem Empfänger.[48] Wegen der geringen Anfälligkeit nahm man dabei eine mangelnde Wirtschaftlichkeit in Kauf.

Im Jahr 1989, als sich das Militär aus dem ARPA-Netz zurückzog, nahm in Genf am europäischen Forschungszentrum für Kernphysik (CERN) die Entwicklung des „World Wide Web" seinen Anfang. Dieses machte es möglich, „per Mausklick" von einem Rechner zum anderen zu springen und Informationen zu sammeln. Durch die erleichterte Bedienung wuchs die Zahl der Internetbenutzer, aber auch derer, die selbst Informationen und Dienstleistungen anboten, in hohem Maße. Heute umfaßt das Internet mehr als 5000 Teilnetze in 26 Ländern mit mehr als 300.000 Computern in mehreren tausend Organisationen[49], die durch das ihnen gemeinsame TCP/IP-Standardprotokoll zusammengefügt werden.[50] Nach anderen Schätzungen gibt es derzeit ca. 35 Millionen Teilnehmer am Internet[51], doch auch heute noch wächst das Internet (die Zahl der Anschlüsse) mit Zuwachsraten von ca. 10% im Monat.[52]

---

[46] Yogeshwar/Hallet (o.J.), S. 11.

[47] Yogeshwar/Hallet (o.J.), S. 11; Ausgehend von Vorüberlegungen der sogenannten Rand Corporation, wurde ab 1969 das sog. ARPA-Netz entwickelt.

[48] Vgl. o.V., Stille Post, in c't, o.J., Ausgabe 9/95, S. 141.

[49] Vgl. Cerf, Vinton G., Netztechnik in: Spektrum der Wissenschaft, Dossier: Datenautobahn, o.J., Ausgabe 2/95, S. 30.

[50] Vgl. Köhntopp, Kristian, Weltweit vernetzt, in: c't, o.J., Ausgabe 2/93, S. 82.

[51] Vgl. Birkelbach, Jörg, Jenseits von Raum und Zeit: Internetbanking - Bankgeschäfte auf dem sechsten Kontinent, in: geldinstitute, 26. Jg., Ausgabe 9/95, S. 21.

[52] Vgl. First Virtual, FV: Corporate Brochure, im Internet: http://www.fv.com:80/brochure/index.html (Stand: 27.11.95).

Das Internet ist damit „das größte herstellerunabhängige Computernetz der Welt".
Birkelbach wagt die Behauptung, daß „schon in wenigen Jahren (...) Internet-
Zugänge akzeptiert und verbreitet sein (werden), wie man es heute bereits vom
Telefon her kennt"[53]. Prognosen sprechen von ca. 100 Millionen Internet-Nutzern
im Jahr 2000.[54] Die Gründe für dieses unglaubliche Wachstum der kommerziellen
Seite des Internets sind vielfältig, denn der „Nutzer des Netzes findet einen reich-
haltigen Fundus an Informationen, kann weltweit kommunizieren und tatsächlich
auch Geschäfte über das Internet abwickeln"[55]. So gründen Unternehmen, insbesondere aus der Finanzdienstleistungsbranche, verstärkt virtuelle Filialen.

2.2.2.2 Die Veränderung des Internets

Verbunden mit der oben erwähnten stark steigenden Nutzerzahl ist auch die Tatsache, daß die bisher dominierende Rolle von Forschungseinrichtungen im Netz zu-
rückgedrängt wird und eine zunehmende Kommerzialisierung stattfindet. So war es
bis vor kurzem noch gemäß der „Netiquette"[56] verpönt, inhaltslose Werbung im
Internet zu publizieren.[57] Dieser Grundsatz beinhaltete ebenso, daß „Unternehmen,
die ihre Dienstleistungen und Produkte über das Netz anbieten und vermarkten
wollen, eine adäquate Gegenleistung für die Internetgemeinde zur Verfügung stellen sollten"[58]. So traten viele Firmen nicht nur mit Informationen über sich im Internet auf, um ihr Image zu verbessern, sondern lieferten außerdem Detailinforma-
tionen zu Produkten der Unternehmung. Ein Beispiel dafür ist die
„Fondsgesellschaft Fidelity, die sämtliche Investmentfonds ihres Hauses in all ihren
Details vorstellt"[59].

Unter den im Internet präsenten Firmen finden sich auch Banken und Handelsun-
ternehmen, die bisher jedoch vor allem einen reinen Informationsdienst bieten.

---

[53] Birkelbach, Jörg, Financial Services im Internet, in: Die Bank, o.J., Ausgabe 7/95, S. 389.
[54] Vgl. Birkelbach (1995c), S. 21.
[55] Birkelbach (1995b), S. 390.
[56] Eine genauen Überblick über diese Benimmregeln im Internet bietet Klau, Peter, Das Internet:
weltweit vernetzt, 1. Aufl., Vaterstetten bei München 1994, S. 31ff.
[57] Im Fall der Nichtbeachtung wurden die elektronischen Briefkästen der betroffenen Personen
teilweise mit Datenmüll (sog. Junk Mail) zugestopft; vgl. Charlier, Michael / Karepin, Rolf, Globaler Marktplatz - immer mehr Unternehmen entdecken den weltumspannenden Datenhighway
als innovatives Marketinginstrument, in: Wirtschaftswoche, 48. Jg., Ausgabe 48/94 vom
24.11.1994, S. 59.
[58] Birkelbach (1995c), S. 25.
[59] Birkelbach (1995b), S. 393.

Nach Klärung bisher kritischer Punkte (vor allem Sicherheit) werden diese jedoch bald mit einer größeren Produktpalette vertreten sein und daher auch Zahlungsverkehrsdienstleistungen im Internet anbieten. Neben ihnen könnten jedoch zunehmend auch Netzbetreiber, Versandhäuser, Automobil- oder Multimediakonzerne (sog. 'Non-' oder 'Near-Banks') Bankdienstleistungen anbieten, die vorwiegend schon jetzt über die nötige Infrastruktur der Netzzugänge verfügen.[60]

2.2.2.3 Die Verschlüsselungssysteme

Wie später zu zeigen sein wird, ist die Grundproblematik der Datenübertragung über das Internet die mangelnde Abhörsicherheit. Aus diesem Grund werden die Verschlüsselungsverfahren hier im Grundsatz vorgestellt.

Allgemein kann zwischen symmetrischen und asymmetrischen Verschlüsselungstechniken unterschieden werden. Der Unterschied zwischen beiden ist, daß bei symmetrischen Schlüsseln für Codierung und Decodierung derselbe, bei asymmetrischen hingegen verschiedene Schlüssel benützt werden. Ein Beispiel für die erste Möglichkeit ist der DES[61], der Data Encryption Standard, wie er heute für die Übertragung der PIN genutzt wird. Problematisch dabei ist, daß dieser Schlüssel streng geheim gehalten werden muß, um den Datenaustausch zu sichern.

Das asymmetrische Verschlüsselungsverfahren hingegen unterscheidet zwischen einem öffentlichen und einem privaten Schlüssel. Während der öffentliche Schlüssel allgemein bekannt sein kann, verfügt jeder einzelne Nutzer auch über seinen eigenen privaten Schlüssel, den im Idealfall nur er kennt. Dieses Verschlüsselungsverfahren wird aus diesem Grund auch „asymmetrisches" Verfahren genannt.[62] Eine Berechnung des anderen Codes durch den jeweils bekannten scheidet dabei jedoch ebenso wie ein Entschlüsseln ohne den passenden Schlüssel aus.[63]

---

[60] Vgl. Birkelbach (1995c), S. 18.

[61] Vgl. Pöppe, Christoph, Der Data Encryption Standard, in: Spektrum der Wissenschaft, Dossier: Datenautobahn, o.J., Ausgabe 2/95, S. 96-102.

[62] Vgl. Bauer, Alfred / Holzer, Jan / Weidner, Klaus, Firewalls und Codierung: Hohe Hürden für ungebetene Besucher, in: Computerwoche, o.J., Ausgabe Nr. 8 vom 24. Februar 1995, S. 68.

[63] Vgl. Bauer/Holzer/Weidner (1995), S. 67. Zur Zeit ist ein Entschlüsseln nur mit „extremem Aufwand" möglich. Dennoch ist zu erwarten, daß in absehbarer Zeit heute verwendete Codes relativ schnell „geknackt" werden können. Darum bedarf es ebenso einer kontinuierlichen Weiterentwicklung der Verschlüsselungsverfahren; vgl. dazu auch Chaum, David, Achieving Electronic Privacy, in: Scientific American, Vol. 270, Ausgabe August 1992, S. 96.

Dokumente, die nur ein bestimmter Empfänger lesen soll, müssen daher mit dem öffentlichen Schlüssel des Betreffenden codiert werden, während Dokumente, die keiner Geheimhaltung unterliegen, deren Herkunft jedoch feststellbar sein soll, mit dem privaten Schlüssel des Absenders codiert werden müssen. Damit ist die Herkunft z.b. einer „Unterschrift", die mit einem privaten Schlüssel erzeugt wurde und jedermann zugänglich sein kann, hinreichend bestimmt.[64] Der zu diesem Zweck benutzte private Code wird auch „digitale Unterschrift" genannt.

Die asymmetrischen Verschlüsselungsmechanismen haben gegenüber den „klassischen" Methoden den wesentlichen Vorteil, daß kein gemeinsames Paßwort für Ver- und Entschlüsselung ausgetauscht werden muß. Statt dessen wird das Schlüsselpaar vom Nutzer generiert und der öffentliche Schlüssel kann auf eine Weise weitergegeben werden, die keine Abhörsicherheit benötigt, denn mit ihm sollen nur die Dinge verschlüsselt werden, deren Herkunft genau feststehen soll. Der private Schlüssel hingegen muß vom Nutzer streng geheim und bei sich gehalten werden.

Um diese Verschlüsselung am Rechner durchführen zu können, benötigt man Hilfsmittel. Diese werden im Folgenden dargestellt.

- Datenschutz mittels Chipkarte

Eine für den Nutzer relativ einfache Möglichkeit, Daten zu verschlüsseln, ist die Verwendung eines auf einer Chipkarte gespeicherten Codes. Damit kann er nicht nur die zu übertragenden Daten schützen, sondern auch die Berechtigung des Nutzers prüfen. Die Karte wird in ein Lesegerät, das in einen PC oder in ein Telefon integriert ist, gesteckt und der PIN-Code eingegeben.[65]

- Verschlüsselung mit Softwarekomponenten

Eine etwas bequemere und kostengünstigere Lösung stellt eine softwarebasierte Verschlüsselung dar. Dabei wird eine elektronische Unterschrift, also ein asymmetrischer Code, erzeugt, der über die Software in den PC geladen wird. Dafür sind

---

[64] Vgl. Cerf (1995), S. 31.
[65] Vgl. Buchholz, Angelika, Auf den fahrenden Zug springen - die Banken, das Internet und die Sicherheitsprobleme, in: Süddeutsche Zeitung, 51. Jg., Ausgabe Nr. 231 vom 7./8.10.1995, S. 33.

keine zusätzlichen Hardwarekomponenten wie ein Chipkartenleser nötig und die Verschlüsselung kann an einem beliebigen Rechner erfolgen.

- Automatische Verschlüsselung mittels Internet-Protokoll

Eine weitere Möglichkeit, Daten sicher über das Internet zu übertragen, wäre durch die Benutzung eines sicheren Internet-Protokolls gegeben. Derzeit arbeitet die „IETF" (Internet Engineering Task Force) an der Entwicklung eines neuen Internet-Protokolls, des „IP Next Generation"[66], das die bisherigen Protokolle ersetzen und damit im Idealfall eine automatische Verschlüsselung auf der Browser[67]-Ebene ermöglichen soll.[68]

Weil das Internet als sehr attraktiver Marktplatz der Zukunft angesehen wird, kooperieren insbesondere die führenden Kreditkartenfirmen gemeinsam mit Softwareanbietern, um einen einheitlichen Standard, über den ein problemloser Austausch auch sicherheitsrelevanter Daten erfolgen kann, zu verwirklichen. Nach einigen Fehlversuchen[69] präsentierten sie das Sicherheitsprotokoll „Secure Electronic Payment Protocol" (SEPP), das von Netscape auf der Basis asymmetrischer Verschlüsselungsverfahren entwickelt wurde und offengelegt[70] werden soll. Mit dieser Offenlegung könnte unter Umständen die Sicherheit wesentlich besser gewährleistet sein, da das System bekannt ist und auf seine Eignung z.B. auch von „Computerhackern" geprüft werden kann.[71] Nachdrücklich wird hingegen vor der Verwendung „geheimer" Verschlüsselungsverfahren (sog. „security by obscurity") gewarnt, die nicht diese Sicherheit bieten könnten.[72] Nach Auskunft eines Vertre-

---

[66] Es handelt sich dabei um Version 6, derzeit wird Version 4 benutzt.
[67] Unter Browser versteht man Programme, die zur Darstellung multimedialer Seiten verwandt werden; vgl. Nolden (1995), S. 21.
[68] Vgl. Reif, Holger, Netz ohne Angst, in: c't, o.J., Ausgabe 9/95, S. 174.
[69] Zu den Problemen mit „sicheren" Internet-Protokollen vgl. Reif, Holger, Peinliche Panne, in: c't, o.J., Ausgabe 11/95, S. 26 und Seeger, Christoph, „Alles ist zu knacken", Interview mit Hendrik Fulda, in: Wirtschaftswoche, 50. Jg., Ausgabe Nr. 11 vom 07.03.1996, S. 213.
[70] Mit dieser Offenlegung ist jedoch nicht die Aufdeckung der Codes selbst, sondern die Aufdeckung der Wirkungsweise des Systems an sich gemeint.
[71] So könnte z.B. ein Anreiz zur Teilnahme an diesem „Wettbewerb" durch Auslobung eines Preises geschaffen werden; vgl. Fulda, Hendrik, Sprecher des Chaos Computer Club e.V., Gespräch im Rahmen des 3. Frankfurter Finanz Forums am 22. Februar 1996, Zeit: 17:00 - 17:20 Uhr.
[72] Vgl. Fulda (1996a).

ters der Softwarebranche soll das SEPP-Protokoll demnächst weltweit verfügbar sein und den geforderten Schutz bieten.[73]

- Bessere Sicherheit in neu entwickelten Netzen

Während das Internet die angesprochenen Sicherheitsfunktionen noch nicht uneingeschränkt bieten kann, werden in Analogie zum Internet andere Netze wie das „Global Network" von IBM entwickelt, das eine höhere Datensicherheit gewährleisten soll.[74] Diese sind ähnlich aufgebaut, besitzen jedoch eine spezielle Sicherheitsarchitektur, die einen in dieser Hinsicht problemlosen Datenaustausch ermöglicht.

2.3 Die Einordnung von Chipkarte und Internet in den Rahmen der Bankdienstleistungen

2.3.1 Die Chipkarte als Identifikationsmedium und als Datenspeicher

Prinzipiell soll die Chipkarte die Magnetstreifenkarte im Zahlungsverkehr ersetzen. Damit liegt der eigentliche Verwendungsbereich der Karte in der Identifikation gegenüber einem POS-Terminal, einem Geldausgabeautomaten oder einem Mehrfunktionsterminal. Die auf der Karte gespeicherten Kontodaten können abgelesen und an das Terminal weitergeleitet werden. Im Gegensatz zur Magnetstreifenkarte kann bei der Chipkarte jedoch zusätzlich auch die Persönliche Identifikationsnummer auf der Karte gespeichert werden, um damit eine Autorisierung ohne Verbindungsaufbau zu ermöglichen.

Darüber hinaus kann die Chipkarte im Rahmen ihrer Anwendung als elektronische Geldbörse jedoch auch als Werteinheitenspeicher dienen und damit eine reine Speichertätigkeit übernehmen.

Gleichzeitig ermöglicht die Rechenkapazität der Chipkarte eine wechselseitige Identifizierung im Bereich von Home-Banking-Anwendungen, etwa bei Datex-J oder Phone-Banking.

---

[73] Vgl. Schmid, Donatus, Sun Microsystems, Gespräch im Rahmen des 3. Frankfurter Finanz Forums am 22.02.1996 in Bad Homburg, Zeit: 17:00-17:20 Uhr.
[74] Vgl. Charlier/Karepin (1994), S. 62.

2.3.2 Das Internet als Medium des Home-Banking und als Bargeldersatz

Das Internet bildet eine weitere Technik im Bereich des Home-Banking und ergänzt so das bisher eingesetzte BTX-System oder jetzt Datex-J. Dabei nimmt der Nutzer wie bei BTX über einen Einwählknoten Kontakt mit dem System auf, identifiziert sich gegenüber diesem und kann dann die von ihm gewünschten Transaktionen vornehmen.

Eine denkbare Anwendung, die sich von den Möglichkeiten des BTX, das (im Rahmen des Zahlungsverkehrs) lediglich Informationsdienste bereitstellt oder Überweisungen vornehmen läßt, unterscheidet, besteht darin, digitales Geld als Bargeldersatz über das Internet direkt an den Händler zu senden. Dabei muß dieses Zahlungsmittel über das Netz von der Bank abgehoben werden und danach auf dem eigenen Rechner zwischengespeichert werden. Das nur aus Zahlenketten bestehende Geld kann dann an Internet-Händler weitergeleitet werden, um bei diesen für den entsprechenden Betrag einzukaufen.[75] Der Händler nimmt anschließend Kontakt mit der Bank auf, um die Echtheit des elektronischen Bargeldes zu überprüfen und den Gegenwert einzulösen.

Eben durch die vorherige Abhebung und die im ganzen System gewährte Anonymität ähnelt das verwendete digitale Geld mehr dem Bargeld oder den auf der elektronischen Geldbörse gespeicherten Werteinheiten als einer POS-Transaktion mittels Debitkarte oder Kreditkarte. Auf diese Weise umfaßt das Einsatzgebiet des Internet-Banking nicht nur den Bereich des bisherigen Home-Banking, sondern erstreckt sich auch auf die andere Facette des SB-Banking im weiteren Sinne, auf das POS-Banking. Damit verfügt das Internet unabhängig von anderen Anwendungen außerhalb des Zahlungsverkehrs über einen weiteren Einsatzbereich als das BTX-System.

Prinzipiell ist das Internet in den Bereich des Home-Banking einzuordnen, die Chipkarte hingegen in den Bereich der Kartensysteme. Diese Einordnung ist jedoch

---

[75] Vgl. die ausführliche Darstellung im Kapitel 3.1.2.2.

aufgrund der Multifunktionalität der beiden Medien nicht überschneidungsfrei.[76] (Vgl. Abb. 2)

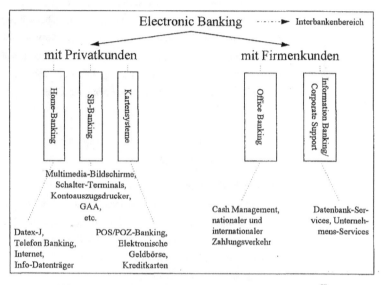

Abb. 2: Systematisierung von Electronic Banking-Produkten[77]

---

[76] Statt dessen kann die Chipkarte ebenso in den Bereich des SB-Banking und teilweise in den Home-Banking-Bereich, das Internet hingegen ebenso in den Bereich des POS-Banking eingeordnet werden.

[77] Entnommen (mit leichten graphischen Veränderungen) aus Wagner, Andreas, Grundlagen der Bankbetriebslehre, Vorlesung im 5. Semester, Folie Nr. 131.

3. Eine Analyse von Chipkarte und Internet im Zahlungsverkehr

In diesem Kapitel werden die beiden neuen Medien Chipkarte und Internet auf ihre Einsetzbarkeit im Zahlungsverkehr hin analysiert. Dabei soll von den Kriterien ausgegangen werden, die maßgeblich die Akzeptanz der neuen Medien beeinflussen: Benutzerfreundlichkeit, Kosten und Sicherheit. Ergänzend soll, da beide Medien erst in der Anfangsphase ihrer Nutzung stehen und somit noch nicht alle Konsequenzen ihrer Anwendungen abzusehen sind, ein Überblick der bisherigen Realisierungen beider Medien gegeben werden.

3.1. Benutzerfreundlichkeit

Der Begriff Benutzerfreundlichkeit wird definiert als „die Eigenschaft eines Softwareprodukts, insbes. eines (..) Dialogsystems, auf die Anforderung des (..) Endbenutzers zugeschnitten zu sein"[78]. Im Zusammenhang mit den zu untersuchenden Medien ist dabei eine leichte Handhabbarkeit und eine vielseitige Verwendbarkeit bei gleichzeitig hohem Bedienungskomfort für den Nutzer des Mediums, den Kunden, von besonderer Bedeutung. Dies resultiert aus der Tatsache, daß die Benutzerfreundlichkeit den Erfolg der zu untersuchenden Medien maßgeblich beeinflußt. Die folgende Analyse der Benutzerfreundlichkeit soll deshalb vor allem aus der Perspektive des Kunden gesehen werden. Nur dann nämlich, wenn die qualitative Akzeptanz[79] beim Kunden gegeben ist, werden diese sich am Ende am Markt durchsetzen können und die Banken und Händler zu Investitionen in die neuen Medien drängen. In wieweit diesen Anforderungen bei den neuen Zahlungsverkehrsanwendungen Chipkarte und Internet Rechnung getragen wird, wird im Folgenden untersucht.

3.1.1 Die Benutzerfreundlichkeit der Chipkarte

Im folgenden werden die unter dem Aspekt der Benutzerfreundlichkeit der Chipkarte maßgeblichen Aspekte behandelt.

---

[78] Gabler Wirtschafts-Lexikon, 12. Auflage, Wiesbaden 1988, Bd. A-B, Sp. 619.
[79] Diese wird durch die gestiegenen Ansprüche der Kunden maßgeblich beeinflußt.

3.1.1.1 Die Möglichkeit von offline-Autorisierungen am POS

Bei den bisher verwendeten Magnetstreifenkarten ist aufgrund der Auslesbarkeit der auf der Karte gespeicherten Informationen eine Speicherung geheimer Daten nicht möglich. Der für die Berechnung der PIN benötigte Algorithmus muß an einem sicheren Ort[80] verwahrt werden, um zu verhindern, daß die Verschlüsselungsmethode bei einer einzigen Karte „geknackt" und damit alle Karten mißbraucht werden könnten. Auf diese Weise wäre die Sicherheit des ganzen Systems in Frage gestellt. Weil aus Gründen der Sicherheit auf eine dezentrale Verwahrung der Prüfsysteme in den einzelnen POS-Terminals verzichtet werden muß, ist immer eine Verbindung zu der Stelle notwendig, an welcher der für die Kartenautorisierung notwendige Schlüssel abgelegt ist. Um die Sicherheit der Daten, unter anderem der PIN, während der Übertragung zu gewährleisten, muß dieser Datenaustausch zusätzlich verschlüsselt erfolgen. Auch für diesen Codierungsvorgang ist die Ablage eines Schlüssels in einem geheimen Bereich im Terminal erforderlich.[81] Mittels Lizenzierung durch den ZKA selbst versucht man zu verhindern, daß ein gegen Manipulation ungeschütztes Terminal zum Einsatz kommen könnte.

Durch die Begrenztheit des Speichervermögens, den starren Aufbau des Datensatzes und die Auslesbarkeit mit einfachsten Mitteln ist es überdies problemlos möglich, die auf der Magnetstreifenkarte gespeicherten Daten auszulesen und auch zu kopieren. Um eine eindeutige Identifizierung einer echten Karte gegenüber einer Kopie festzustellen, ist in Deutschland ein unveränderliches (maschinenlesbares) Merkmal geschaffen worden, das „eine eindeutige Verbindung zwischen individueller Karte und dem Magnetstreifen herstellt"[82]. So läßt sich ein größerer Mißbrauch durch gefälschte Karten verhindern. Ein Betrugsversuch ist lediglich mit Hilfe einer Originalkarte möglich. Gemeinsam mit den Prüfungen der Karte und der PIN im Zentralverband des jeweiligen kartenausgebenden Instituts (ca. 2 sek.) dauert der Zahlungsvorgang am POS deshalb relativ lange (ca. 5-10 sek.).[83]

---

[80] Als Beispiel dafür ist ein Geldausgabeautomat anzuführen, der in einen Tresor eingebaut ist; vgl. Nowak/Röder (1982), S. 48.
[81] Vgl. Nowak/Röder (1982), S. 49.
[82] Nowak/Röder (1982), S. 49.
[83] Vgl. Walkhoff, Henner, An der Kasse mit Karte zahlen liegt im Trend, in: Betriebswirtschaftliche Blätter, 42. Jg., Ausgabe 4/93, S. 163.

Die Chipkarte bietet aufgrund ihrer Bauweise und wegen der Fähigkeit, als Mikrocomputer tätig und damit selbst aktiv zu werden, Möglichkeiten, die von der Magnetstreifenkarte bisher nicht erbracht werden konnten. So umfaßt die Chipkarte mehrere Bereiche, unter anderem einen „geheimen" Bereich, in dem auch die PIN sicher vor Auslesen und Manipulation abgelegt werden kann. Dies ist wesentlich dadurch bedingt, daß jeglicher Kontakt mit der Karte über den in ihr verankerten Mikroprozessor stattfindet und nur dieser selbst einen Zugang autorisieren kann. [84]

Da der Datenaustausch nur mehr zwischen dem Terminal (zur Eingabe der PIN) und der Karte erfolgen muß und der Verbindungsaufbau zum autorisierenden Institut entfällt, ist es mit der Chipkarte möglich, die Bearbeitungszeit zu verkürzen. Diese Art der Autorisierung wird „offline" genannt. Durch diese schnelle Abwicklung der Kartenzahlung am POS erhöht sich auch die Benutzerfreundlichkeit durch die Verkürzung der Wartezeit.

3.1.1.2 Der Vorteil einer frei wählbaren PIN

Da mit der Chipkarte zum ersten Mal ein aktiver Rechner als Speichermedium auftritt, die PIN in der Karte selbst abgelegt ist und nicht durch irgendein externes System berechnet werden muß, ist es technisch denkbar, im Betriebssystem die Möglichkeit vorzusehen, dem Kunden seine PIN selbst bestimmen zu lassen. Dazu müßte der Kunde an einem sicheren Ort die PIN erstmals eingeben, die daraufhin auf der Karte gespeichert würde.

Auch in diesem Zusammenhang können Probleme entstehen. Wird eine spätere Eingabe der PIN beobachtet, die PIN vom Nutzer vergessen oder drei Mal falsch eingegeben, so sperrt sich die Chipkarte gegen zukünftige Versuche selbst.

Mit einer Sonderfunktion „PIN-Änderung" könnte dann das erste Problem beseitigt werden. [85] Es bleibt jedoch fraglich, ob diese Änderung wiederum an einem sicheren Ort oder an jedem POS-Terminal vorgenommen werden sollte. Hat jedoch der Benutzer seine PIN vergessen, könnte auch hier eine Sonderfunktion eingerichtet werden, die es erlaubt, in einer sicheren Umgebung beim Kartenherausgeber die

---

[84] Vgl. Wigand (1991), S. 28.
[85] Vgl. Struif (1988), S. 7.

PIN erneut auszugeben. In Analogie dazu könnte auch das Problem der Selbstsperrung der Chipkarte durch eine Sonderfunktion gelöst werden.[86]

Ein weiteres Problem besteht darin, daß Personen, die sich mehrere Zahlenketten oder Paßwörter merken müssen, dazu neigen, entweder gleiche Kombinationen für mehrere Anwendungen und oft auch Telefonnummern, Geburtsdaten oder die Namen enger Verwandter oder Freunde verwenden. Gerade bei letzteren ist es nicht besonders schwer, das „Geheimnis" herauszufinden.

Aus diesen Gründen kann zwar eine frei wählbare PIN technisch vorgesehen werden. Ob jedoch eine praktische Umsetzung erfolgt, bleibt wegen der genannten Punkte fraglich.

3.1.1.3 Der Vorteil der Anwendung „Elektronische Geldbörse"

Die neben der offline-Autorisierung wichtigste Änderung bei der Umstellung von der Magnetstreifenkarte auf die Chipkarte ist die Möglichkeit der Berücksichtigung zusätzlicher Funktionen. Dabei stellt die Verwendbarkeit der Chipkarte als „elektronische Geldbörse" die im Zahlungsverkehr wichtigste Neuerung dar. Durch Einführung der Geldbörse kann aufgrund sehr schneller Zahlungen an vielen Plätzen im Handel die Benutzerfreundlichkeit der Chipkarte stark verbessert werden.

Zu Beginn der Nutzung muß die elektronische Geldbörse zunächst mit einem bestimmten Geldbetrag aufgeladen[87] werden. Sie kann dann als Zahlungsmittel im Kleingeldbereich dienen, um die Kreditkarte („pay later") im oberen Wertbereich und die Debitkarte/ec-Karte („pay now") im mittleren Wertbereich als drittes Glied im bargeldlosen Zahlungsverkehr zu ergänzen. (Vgl. dazu Abb. 3)

Neben diesem Zusatznutzen in Gestalt einer weiteren Funktion auf einer ec- oder Kundenkarte könnte die GeldKarte als eigenständige Wertkarte herausgegeben werden, um auch Personen, für die eine Integration in bestehende Karten nicht möglich ist (z.B. Touristen, Minderjährige), eine Zahlungskarte zur Verfügung

---

[86] Vgl. Struif (1988), S. 8.
[87] Deshalb „pay before" oder „prepaid-card".

stellen zu können.[88] Die einzige Anwendung dieser sogenannten „weißen Karten"[89] stellt die Börsenfunktion dar.

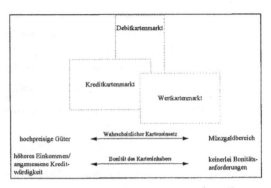

Abb. 3: Unterschiedliche Märkte der Karten[90]

In Analogie zum Bargeld, als dessen Substitut diese Funktion der Chipkarte fungieren soll, muß dabei in erster Linie ein dichtes Akzeptanzstellennetz gegeben sein. Mit dieser Möglichkeit der Kartenzahlung an sehr vielen Orten könnte eine hohe Nutzerakzeptanz sichergestellt werden. Von grundsätzlicher Bedeutung ist für ein Bargeldsubstitut ebenso die unkomplizierte Übertragbarkeit von elektronischen Geldeinheiten. Auch damit kann die Benutzerfreundlichkeit erhöht werden, denn so würde ein wesentlicher Vorteil gegenüber bisherigen Kartenzahlungen, bei denen im Gegensatz zu Bargeld lediglich Zahlungen über ein Girokonto bei einer Bank möglich waren, mit integriert. Mit einer Geldbörse könnten diese Geldeinheiten hingegen direkt an einen Vertragspartner weitergegeben werden. Gleichzeitig sollte ähnlich schnell und problemlos wie bei einer realen Geldbörse der Inhalt einer elektronischen Geldbörse erfaßt werden können. Damit könnte sich ein Nutzer zu jedem Zeitpunkt einen Überblick über die Menge der auf seiner Karte gespeicherten Geldeinheiten verschaffen.

---

[88] Vgl. Cimiotti, Gerd, Chips: Verändern die kleinen Riesen die Kartenwelt?, in: Bankinformation / Genossenschaftsforum, 22. Jg., Ausgabe 3/95, S. 64.
[89] Morschhäuser, Berthold, Elektronische Geldbörse - eine große kollektive Marketingaktion, in: bank und markt, 24. Jg., Ausgabe 7/Juli 95, S. 24.
[90] Entnommen (mit leichten graphischen Veränderungen) aus Klein/Kubicek (1995), S. 34.

Für den Einsatz im Alltag kommt noch ein anderer Aspekt zum Tragen, der die beliebige Teilbarkeit der Geldeinheiten betrifft. Würden die auf der Karte gespeicherten Werteinheiten eine möglichst kleine Stückelung aufweisen, könnte damit die Gestaltung der Preise „in Schritten von einem Pfennig"[91] und die Bezahlung kleinster Beträge möglich werden.

Um als Bargeldsubstitut zu fungieren, sollte die elektronische Geldbörse im Gegensatz zu den anderen Kartenzahlungsvarianten wie Bargeld dem Nutzer Anonymität gewähren. Auf diese Weise würde der Kunde davor geschützt, daß Kenntnisse über sein Konsumverhalten bekannt werden.

Damit die elektronische Geldbörse das Bargeld jedoch nicht nur ergänzt, sondern substituieren kann, sollte sie über zusätzliche Vorteile gegenüber dem Bargeld verfügen. Ein entscheidender Vorteil der elektronischen Geldbörse ist dann gegeben, wenn diese nicht nur an Automaten, sondern von zu Hause aus aufgeladen werden kann. Das Aufladen kann dabei z.B. über ein Telefon erfolgen. Dadurch ist die Beschaffung von Geldwerten für den Kunden stark vereinfacht und ein enormer Vorteil gegenüber Bargeld gegeben. Ein weiterer Vorteil für den Nutzer ist die Möglichkeit, bei einer weiten Verbreitung der Akzeptanzstellen auch an Fahrkartenautomaten mit der Karte zu bezahlen. So kann die bisher oft für die Suche nach passenden Kleingeld benötigte Zeit mit Hilfe der elektronischen Geldbörse deutlich reduziert werden. Durch die Möglichkeit, mehrere Währungen auf einer Karte zu speichern, kann ein weiterer Zusatznutzen gegenüber dem Bargeld gegeben sein, der die Benutzerfreundlichkeit weiter erhöht. Im Gegensatz zu Bargeld schließlich kann durch die elektronische Geldbörse die Kontrolle des eigenen Ausgabenverhaltens durch die Transparenz der Transaktionen verbessert werden, denn die einzelnen Transaktionen können auf der Karte aufgezeichnet und gespeichert werden.[92]

3.1.1.4 Der Vorteil einer einfachen Identifizierung mit der Chipkarte

Bisher wurden zur Identifikation über ein öffentliches Netz, das Abhörsicherheit nicht gewährleistete, „Einmalcodes"[93] verwandt. Die Chipkarte kann jedoch eine

---

[91] Bartmann, Dieter / Fotschki, Christiane, Elektronische Geldbörse - nützliche Innovation oder technischer Gag?, in: Die Bank, o.J., Ausgabe 11/95, S. 645.
[92] Vgl. Bartmann/Fotschki (1995), S. 645.
[93] Beim BTX-System wurden diese Transaktionsnummern (TAN) genannt.

benutzerfreundlichere und darüber hinaus sichere Identifikation gewährleisten, denn durch ihre Fähigkeit, selbst Rechenprozesse durchzuführen, kann sich eine Identifikation aus der Sicht des Nutzers auf die Eingabe einer PIN und der Identifikation gegenüber der Karte beschränken. Diese wiederum identifiziert sich in einer dynamischen Authentikation durch ein sogenanntes Challenge-Response-Verfahren weiter gegenüber einem Rechner über das Netz. Dabei kann vom Nutzer stets die gleiche PIN benutzt werden, während über das Netz jedoch nie die gleiche Zahlenkombination übermittelt wird.[94] (Vgl. Abb. 4)

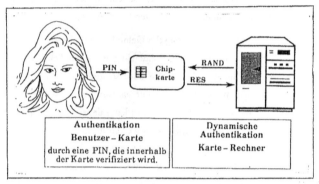

Abb. 4: Zwei Authentikationsschritte[95]

3.1.1.5 Die Unempfindlichkeit der Karte

Chipkarten verfügen im Gegensatz zu den Magnetstreifenkarten, die einen elektromagnetischen Speicher besitzen, über einen elektronischen Speicher.[96] Damit sind sie unempfindlich gegen versehentliche oder absichtliche Löschung durch Magnetfelder.

---

[94] Vgl. Beutelspacher, Albrecht, Kryptologie, 3. Auflage Braunschweig-Wiesbaden 1992, S. 101ff.
[95] Entnommen aus Beutelspacher (1992), S. 101.
[96] Vgl. Gaal (1994), S. 11.

3.1.1.6 Die Vorteile der kontaktlosen Chipkarte

Im Vergleich zu den kontaktbehafteten Karten weist die kontaktlose Chipkarte weitere Vorteile auf. Dies ist zum einen darin begründet, daß der Datenaustausch mitunter über eine größere Distanz erfolgen kann, ohne daß es einer Einrichtung mit Kontaktflächen bedarf, in die die Karte eingeführt werden müßte. Damit ist die kontaktlose Chipkarte prädestiniert für einen Einsatz an Stellen, „bei denen eine schnelle, bequeme und unkomplizierte Abwicklung entscheidend ist"[97]. Dies ist gerade da der Fall, wo ein hoher Durchsatz einen schnellen Ablauf erfordert, z.B. in Massenverkehrsmitteln. Dort kann das Lösen eines Tickets im Vorübergehen erfolgen, wobei zusätzlich zur geringen Lesezeit durch die Fähigkeit der Lesegeräte, mit mehreren Karten gleichzeitig zu kommunizieren, eine softwareunterstützte sichere Abbuchung erfolgt.[98] Vorstellbar ist deshalb der Einsatz dieser kontaktlosen Karte im öffentlichen Personennahverkehr, als elektronische Geldbörse in Parkhäusern, als Betriebsausweis, Führerschein usw.[99]

3.1.1.7 Zusätzliche Anwendungsmöglichkeiten im Zahlungsverkehr

Um die Benutzerfreundlichkeit der Chipkarte weiter zu erhöhen, scheint die Integration weiterer Funktionen auch auf der Chipkarte geboten. Damit steigt die Zahl der Einsatzmöglichkeiten der Chipkarte, so daß die Karte multifunktional genutzt wird.

So könnte die Integration der Telefonkarte in die elektronische Geldbörse durch einen eigenen Zähler auf der Chipkarte erfolgen. Dieser wird durch einen einmaligen electronic-cash-Umsatz mit Eingabe der PIN offline am Kartentelefon selbst vorgenommen. Danach können die auf der Karte gespeicherten Telefoneinheiten ohne erneute Eingabe der PIN verbraucht werden. Ist die Karte (bzw. der Telefonzähler) leer, kann diese erneut aufgeladen werden. Vorteilhaft dabei ist, daß eine bereits für andere Anwendungen eingesetzte Karte auch dafür verwendet werden kann, ohne daß eine Zusatzkarte bei einer Niederlassung der Telekom erstanden

---

[97] O.V., Die Chipkarte als elektronische Geldbörse, in: geldinstitute, 26. Jg., Ausgabe 6/95, S. 44.
[98] Vgl. o.V., Kontaktlose Chipkarte: Revolutioniert sie das Verkehrswesen?, in: cards Karten cartes, 6. Jg., Ausgabe 3/August 1995, S. 29.
[99] Vgl. o.V. (1995a), S. 44.

werden müßte. Diese Zusatzfunktion könnte so auch wieder positive Rückwirkungen auf die Akzeptanz solcher Multifunktionskarten haben.[100]

Eine weitere Funktion wäre die Einrichtung eines Zählers für Fahrscheinkäufe in Verkehrsverbunden auf der Karte.[101] Wird dabei der Betrag erst später vom Konto abgebucht, wäre die Chipkarte nicht nur wie oben eine „prepaid"-Karte, sondern würde gegenüber diesen Automaten eine Art Kreditkarte für den Nahverkehr darstellen.[102]

3.1.1.8 Zusammenfassung

Die Chipkarte könnte als „electronic payment card" am POS zur Zahlung, als „electronic cash card" am Geldausgabeautomaten und als „electronic purse card" bzw. „electronic token card" zur Bezahlung im Kleingeldbereich genutzt werden.[103] In diesen Bereichen verfügt sie über eine Fülle von Anwendungsmöglichkeiten, die unabhängig voneinander funktionieren. Auch darüber hinaus ist die Chipkarte als Datenspeicher für eine Vielzahl von Anwendungen verwendbar. Damit stellt sie eine enorme Verbesserung insbesondere hinsichtlich der Benutzerfreundlichkeit gegenüber ihrer „Vorgängerin", der Magnetstreifenkarte, dar.

3.1.2 Die Benutzerfreundlichkeit des Internets

Das Internet ist im Rahmen des Zahlungsverkehrs als Weiterentwicklung bisheriger Bankdienstleistungen zu sehen. Vor allem die Möglichkeit, einer anderen Person oder Institution Geld zu übertragen, steht dabei im Vordergrund. Damit stellt das Internet im Rahmen des Zahlungsverkehrs eine Form des Home-Banking dar. Gleichzeitig wird mit „digitalem Geld" im Internet-Zahlungsverkehr eine große

---

[100] Vgl. Röder, Walter, electronic cash mit Chipkarte vom Handel gewünscht, in: Betriebswirtschaftliche Blätter, 42. Jg., Ausgabe 4/93, S. 173.
[101] Vgl. Röder (1993), S. 173; die Verkehrsverbunde planen, eine monatliche Abrechnung der Fahrscheinkäufe zu erstellen und den gesamten Betrag per Lastschrift einzuziehen.
[102] Die Deutsche Bahn AG plant ebenso, die Fahrkarte im Zug ausdrucken zu lassen und später dann auch elektronisch bezahlen zu können. Zusätzlich dazu sollen die Fahrkartenautomaten so umgerüstet werden, daß die Fahrkarte digital auf die Chipkarte geladen werden kann; vgl. o.V., Schönes neues Plastikgeld, in: com! - das BTX-Magazin, o.J., Ausgabe August 95, S. 21.
[103] Vgl. Judt, Ewald / Gruber, Edith, Automatisierte Zahlungskarten-Abwicklung am Point of Sale, in: Österreichisches Bank-Archiv, 43. Jg., Ausgabe 5/95, S. 359.

Analogie zu den Funktionen des herkömmlichen Bargeldes erreicht, wie zum Schluß dieses Abschnittes gezeigt wird.

3.1.2.1 Vorteile im Vergleich zu „klassischen" Bankdienstleistungen

Da sich das Internet wie das bisherige BTX-System als Plattform für die Teilnahme an Home-Banking eignet, sollen zuerst die Unterschiede beider betrachtet, aber auch Bezug zu herkömmlichen Schalterdienst genommen werden.

Das Internet stellt als Verbindungsnetz zwischen verschiedenen Netzwerken eine Softwareanwendung dar. Für eine Nutzung ist deshalb eine bestimmte Hardware-ausstattung notwendig. Im Gegensatz zum ursprünglichen BTX-System ist man jedoch nicht länger an ein spezifisches Endgerät gebunden, sondern es können unter bestimmten Bedingungen auch bereits vorhandene PC-Endgeräte genutzt werden. Um Daten austauschen zu können, ist zusätzlich nur ein Modem und ein Internet-Zugang über einen sogenannten Provider nötig. Damit ist im Vergleich zum BTX-System eine gestiegene Benutzerfreundlichkeit gegeben.

Ein weiterer Aspekt der Benutzerfreundlichkeit ist die räumliche und zeitliche Unabhängigkeit von Zahlungsverkehrsvorgängen im Internet. So ist jeder im Internet vertretene Server einer Bank oder eines Händlers 24 Stunden am Tag erreichbar, unabhängig von den Öffnungszeiten des jeweiligen Geschäftslokals. Im Gegensatz zu BTX, das ein nationales Netz auf Basis der Leitungen der Deutschen Bundespost darstellte, ist wegen der internationalen Verknüpfung die Inanspruchnahme der Dienstleistung auch über Ländergrenzen hinweg möglich.

Eine wichtige Rolle bei der Benutzerfreundlichkeit des Internets spielt auch die Interaktivität des Services. Bei eventuell auftretenden Fragen oder Problemen ist in der Regel eine Online-Beratung (sei es durch Beantwortung häufig auftretender Fragen, den sogenannten „Frequently Asked Questions" (FAQ) oder mittels elektronischer Post) verfügbar. Auch bei Aufträgen oder Buchungen kann eine Rückmeldung über die getätigten Transaktionen unmittelbar nach Betätigung durch den Auftraggeber erfolgen. Damit ist es möglich, bei Problemen ähnlich wie an einem realen Schalter die Unterstützung von Fachpersonal in Anspruch zu nehmen.

3.1.2.2 Weitergehende Zahlungsarten im Internet

Unter Zahlungsverkehr im Internet werden hier bisher teilweise unbekannte Zahlungsvorgänge verstanden, welche beim Kauf von Produkten oder der Inanspruchnahme von Leistungen über das Netz benutzt werden.

Wie sehr sich der Zahlungsverkehr über das Internet hinsichtlich der möglichen Anwendungen von herkömmlichen Bankdienstleistungen unterscheiden könnte, wird im Folgenden durch die Analyse einzelner Zahlungsarten, untersucht. Dabei lassen sich vier verschiedene Möglichkeiten der Bezahlung über das Internet unterscheiden: Bezahlung auf herkömmliche Weise, mit der Kreditkarte, mit Hilfe von Verrechnungskonten, mit Scheckkonten und mit digitalem Geld. Diese fünf Arten unterscheiden sich hinsichtlich der Benutzerfreundlichkeit.

Durch den Gebrauch von Instrumenten des Internets, z.B. des WWW, können „virtuelle Schalterhallen, Verkaufsräume oder Kataloge gestaltet werden, die von jedem Punkt der Welt online abfragbar sind"[104]. Schon jetzt „nutzen über 20.000 Firmen das Netz als virtuelles Schaufenster; Monat für Monat kommen 2.000 hinzu"[105]. Damit ist über das Internet eine große Menge an potentiellen Vertragspartnern erreichbar. Durch die zunehmende Markttransparenz steigt gleichzeitig auch die Benutzerfreundlichkeit.

- Bezahlung auf herkömmlichem Wege

Dadurch, daß die ersten über das Internet Netz abrufbaren Dienste über die jeweiligen Monatsrechnungen der verschiedenen Online-Anbieter, z.B. auch der damaligen Deutschen Bundespost, abgerechnet wurden, konnten die ersten Zahlungen im Internet in herkömmlicher Form erfolgen. Während man zwar innerhalb Deutschlands über das Internet einen Kauf per Nachnahme abwickeln könnte, gestalten sich internationale Zahlungsverkehrsvorgänge als sehr teuer und relativ langsam. Daher ist dieser Weg nur für länger andauernde Geschäftskontakte praktikabel. Unpassend ist er jedoch für Personen, die nur einmal einen Dienst in Anspruch nehmen,

---

[104] Birkelbach (1995b), S. 392; vgl. z.B. Quelle AG, Willkommen bei Ihrer Quelle, im Internet: http://www.quelle.de (Stand: 28.03.1996).
[105] Chaouli, Michel, Cyberbanking - Nach Lust und Laune in: Wirtschaftswoche, 48. Jg., Ausgabe 50/94 vom 8.12.94, S. 124.

der unter Umständen auch nur wenig kostet.[106] Die Begleichung nach Erhalt monatlicher Rechnungen kann zudem lediglich innerhalb der kommerziellen Online-Dienste angewandt werden. Bei Transaktionen außerhalb des eigenen Online-Netzes, beispielsweise über das Internet, ist dies jedoch nicht möglich, da vom Anbieter eines Internet-Zugangs nicht die Inanspruchnahme bestimmter Dienstleistungen fremder Anbieter berechnet wird, sondern die Zurverfügungstellung eines Zugangs zum Internet. Zusätzlich erschwert würde dieses Verfahren durch die mangelnde und oft nicht wünschenswerte Kontrolle das Anbieters über die vom Internet-Nutzer in Anspruch genommenen Leistungen.[107]

Die Verwendung von beleggebundenen Zahlungsverkehrsinstrumenten ist daher insgesamt keine befriedigende Lösung der Zahlungsverkehrsaufgaben im Internet. Gerade wegen der fehlenden Möglichkeit, schnell Zahlungen zu leisten, ist so keine ausgeprägte Benutzerfreundlichkeit gegeben.

- Zahlung mit der Kreditkarte

Durch die Bezahlung mit der Kreditkarte könnte eine befriedigende Lösung geschaffen werden. Dabei würde die Nummer der Karte über das Netz weitergegeben und ein auch international praktikabler Zahlungsvorgang ausgelöst.

Wegen der Vertraulichkeit dieser Nummern und der mangelnden Abhörsicherheit[108] empfiehlt sich jedoch die unverschlüsselte Weitergabe von vertraulichen Daten über ein offenes Netz wie das Internet nicht.[109] Die zu übertragenden sicherheitsrelevanten Daten müssen deshalb verschlüsselt werden, falls diese Art der Zahlungsweise gewählt wird.[110]

Durch die auch internationale Möglichkeit der Bezahlung, die Einfachheit (Eingabe der Kreditkartennummer genügt) und die Schnelligkeit des Vorgang steigt die Benutzerfreundlichkeit. Ein weiterer Vorteil ist dabei, daß alle getätigten Transaktio-

---

[106] Vgl. DigiCash, Electronic Cash: What it is and what it means, o.O. o.J..
[107] Zur Problematik der Anonymität vgl. Kapitel 4.2.1.
[108] Im Internet könnten Hacker die Nachrichten, die über ihren Rechner weitergeleitet werden, mit eigens dafür geschriebenen Programmen speziell nach Kreditkartennummern filtern.
[109] Vgl. Strassel, Kimberly A., Technology in Business - A Pioneer in Cyberspace Promotes Electronic Cash, in: The Wall Street Journal Europe, 13.4.1995, S. 4; vgl. auch Klau, Peter, Cyberdollars hoch im Kurs, in: PC-Online, o.J., Ausgabe 8/95, S. 90.
[110] Vgl. Strassel (1995), S. 4; daß gerade diese Verschlüsselung nicht immer unproblematisch ist, zeigen die Ausführungen im Kapitel 2.2.2.3.

nen auf der monatlichen Kreditkartenabrechnung aufgelistet werden. Damit können die geleisteten Zahlungen überprüft werden. Wenn jedoch die Verschlüsselung der Kreditkartennummer nicht von einem Programm oder einem PC selbst vorgenommen wird, reduziert sich die Benutzerfreundlichkeit durch die dann komplexere Vornahme von Zahlungen.

- Bezahlung über Verrechnungskonten oder mit Coupons

Um den Aufwand für die Verschlüsselung zu vermeiden, kann statt dessen der Zahlungsverkehr über Verrechnungskonten laufen. So werden die geheimzuhaltenden Daten (Kreditkartennummer für Belastungen und Scheckkonten für Gutschriften) zuvor über sichere Medien oder verschlüsselt über das Internet mitgeteilt. Danach erfolgt die Abwicklung von geleisteten Zahlungen lediglich über Verrechnungskonten bei der gleichen Bank. In bestimmten Abständen erfolgt dabei ein Ausgleich des Verrechnungskontos mit dem herkömmlichen Konto.[111]

Ein ähnliches System arbeitet mit Coupons, die vor der Transaktion gekauft werden müssen. Anschließend werden nur noch die Seriennummern der Coupons über das Netz übertragen. Aus diesem Grund kommt diese Zahlungsweise ohne aufwendige Verschlüsselungsverfahren aus. Damit ist die Zahlung leichter vorzunehmen und die Benutzerfreundlichkeit steigt.

- Scheckkonten im Internet

Ein dem bisherigen Home-Banking sehr ähnliches Konzept stellt die Möglichkeit dar, sein Konto online zu führen. Dabei ist es hier möglich, von seinem Konto bei Einziehung der Bank elektronische Zahlungen über das Internet an andere Personen zu leisten. Auch dieses Konzept muß die asymmetrischen Verschlüsselungsverfahren nutzen, um Übertragungssicherheit zu garantieren. Dem Kunden der Bank bietet es allerdings den Vorteil, in Analogie zu bisherigen Home-Banking-Transaktionen diese wie gewohnt auch über das Internet tätigen zu können.[112]

---

[111] Vgl. First Virtual, FV: Account Application, im Internet: http://www.fv.com:80/newact (Stand: 27.11.1995).
[112] Vgl. Security First Network Bank, SFNB-Information Desk FAQ, im Internet: http://info.sfnb.com/faq_h.html (Stand: 27.11.1995) und Wells Fargo, Welcome to Online Banking!, im Internet: http://wellsfargo.com/olchoice (Stand: 2.4.1996).

- Digitales Geld

Das Konzept eines „digitalen" Geldes verläßt die Aspekte der reinen Tätigung von
Bankgeschäften über das Internet. Statt dessen rückt die Möglichkeit der Bezahlung an einem „virtuellen POS" in den Vordergrund, an dem analog zum Bargeld
mit einem anonyme Zahlungsmittel bezahlt werden kann. Bei diesem System werden Zahlenketten, die eine von einer Bank verbürgte Geldmenge symbolisieren,
über das Netz weitergegeben. Diese Zahlenkette wird am Rechner des jeweiligen
Nutzers erzeugt und anschließend bei einer Bank „eingereicht", damit diese den
vereinbarten Wert der Banknote bestätige. Mit Hilfe eines asymmetrischen Schlüssels, der eine Art „Siegel" der Bank darstellt und für jedermann erkennbar ist, ver-
leiht dabei die Bank der Zahlenkette ihre Gültigkeit.[113] (Vgl. Abb. 5) Anschließend
kann diese an andere Privatpersonen oder Händler, die ebenso Teilnehmer an diesem „virtuellen Geldkreislauf" sind, weitergegeben werden.[114]

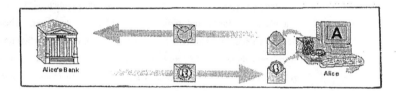

Abb. 5: ECash-Transfer von der Bank auf die Festplatte[115]

Damit werden Zahlungen sowohl an Händler als auch zwischen Privatpersonen
möglich. Da innerhalb dieses Geldkreislaufs keine zusätzlichen Gebühren anfallen[116], sind auch Zahlungen im Kleingeldbereich möglich. So könnte dadurch auch
die Inrechnungstellung für die Inanspruchnahme elektronischer Dienste eine An-

---

[113] Diese Bestätigung der Gültigkeit ohne Kenntnis der jeweiligen Zahlenfolge wird von Digi-
Cash mit der Bestätigung einer in einem Umschlag gesteckten Münze verglichen; Vgl. DigiCash,
An Introduction to ecash, im Internet: http://www.digicash.com/publish/ecash_intro/e-
cash_intro.html (Stand:18.12.95).
[114] Vgl. DigiCash (o.J.).
[115] Entnommen aus DigiCash (1995c).
[116] Vgl. Mark Twain Bank, Mark Twain Bank Announces, im Internet:
http://www.marktwain.com/newfeean.html (Stand: 19.02.1996).

wendungsmöglichkeit darstellen, für die bisher keine rentable Möglichkeit der Bezahlung gegeben war. Da keine Gebühr berechnet werden konnte, stellten nur diejenigen Unternehmen eine Dienstleistung im Internet zur Verfügung, die über diesen Service hinaus einen Marketingeffekt erzielen wollten. Durch die Möglichkeit der Berechnung können jetzt auch „reine" Dienstleister ihre Dienste im Netz anbieten und ihre Leistung entsprechend abrechnen.[117] Digitales Geld stellt ein dem Bargeld sehr ähnliches System dar, das sich durch einfache und schnelle Übertragbarkeit auszeichnet. Gleichzeitig könnte es durch die nun mögliche Berechnung von Diensten eine Quantitäts- und Qualitätsverbesserung von kommerziellen Angeboten über das Internet ermöglichen.

3.1.2.3 Der Vorteil der Präsenz im Internet

Im Gegensatz zu den klassischen Home-Banking-Verfahren kann Internet-Banking auch vom Ausland aus oder mit Personen bzw. Instituten im Ausland betrieben werden. Einer kleinen Privatbank ist es dadurch möglich, sich von ihrem begrenzten Markt zu lösen und globale Geschäftsaktivitäten anzustreben und umzusetzen.[118] Gleichzeitig jedoch intensiviert sich auch der internationale Wettbewerb im Interbankenbereich, aber auch zwischen den Banken und Branchenfremden, die relativ einfach über das Internet ihre Dienste den einzelnen Nutzern anbieten können. Dabei fallen insbesondere Imagewirkungen und Bekanntheitssteigerungen ins Gewicht. Ebenso wird jede im Internet vertretene Bank versuchen, sich von den anderen Banken durch den Aufbau einer eigenen, attraktiven Internetseite von den anderen Banken zu differenzieren.

Durch das steigende Angebot von Bankdienstleistungen im Internet steigt jedoch im selben Moment durch die größere Zahl an Banken und der gleichzeitig höheren Markttransparenz auch die Benutzerfreundlichkeit für die Kunden.

---

[117] Vgl. Kling, Arnold, Banking, in: http://www.homefair.com:80/homefair/banking.html (Stand:12.12.1995).
[118] Vgl. Birkelbach (1995b), S. 391 und Birkelbach (1995c), S. 21.

3.1.2.4 Zusammenfassung

Das Internet kann als Medium nicht nur im Bereich des Home-Banking eingesetzt werden, sondern auch unmittelbar am „virtuellen POS". Obwohl dieser an beliebigen Punkten der Welt angesiedelt sein kann, erfolgt die Abwicklung der Transaktion für den Nutzer schnell und bequem. Die Bezahlung selbst kann dabei in den oben dargestellten Möglichkeiten erfolgen, bei denen eine Steigerung der Benutzerfreundlichkeit von den herkömmlichen Zahlungsarten hin zu digitalem Geld erkennbar ist.

3.2 Kosten

Um die Akzeptanz der beiden neuen Medien im Zahlungsverkehr beurteilen zu können, ist es notwendig, neben der Qualität der Benutzerfreundlichkeit auch die Kosten zu analysieren, die bei der Inanspruchnahme der Dienste entstehen. Schon in der Einleitung der Arbeit wurde darauf verwiesen, daß neue Entwicklungen im Bankensektor sowohl den gestiegenen Ansprüchen der Kunden, als auch dem erhöhten Kostenbewußtsein vor allem der Banken Rechnung tragen müssen. Aber auch die Kosten für Händler und Kunden dürfen nicht vernachlässigt werden. Da jedoch bei diesen unterschiedliche Kostenarten anfallen, werden die Auswirkungen für die jeweiligen Beteiligten getrennt analysiert. Zuerst soll wieder die Nutzung der Chipkarte betrachtet werden, danach das Internet.

3.2.1 Die Kosten bei der Nutzung der Chipkarte

Bei der Chipkarte ergeben sich beim Umstieg von der Magnetstreifenkarte zur Chipkarte einige Veränderungen, die zum einen mit der unterschiedlichen Technik, zum anderen aber auch mit den zusätzlichen Anwendungen, die die Chipkarte ermöglicht, zusammenhängen. Diese Veränderungen sind in zusätzlichen Kostenbelastungen, aber auch Kostenentlastungen zu erkennen.

3.2.1.1 Die Kostenentwicklung für den Händler

Dem Händler liegt im Zahlungsverkehr besonders an schneller und sicherer Abwicklung zu möglichst niedrigen Kosten. Es wird deshalb im Folgenden untersucht, wo durch das neue Medium Chipkarte für ihn zusätzliche Belastungen bzw. Entlastungen entstehen können.

3.2.1.1.1 Zusätzliche Kosten für den Händler

Durch den Umstieg vom Magnetstreifen zum Chip entstehen dem Händler zusätzliche Kosten. Es handelt sich dabei um Aufwendungen für die Umrüstung des Kartenlesers, sei es durch Anpassung der benötigten Software oder durch Umrüstung der Hardware (also des Terminals) selbst. Diese Veränderungen sind notwendig, damit Chipkarten gelesen werden können. Diese Fixkosten fallen einmal bei ihrer Anschaffung an, während das modifizierte Lesegerät dann beliebig oft einsetzbar ist. Dazu ist zumindest die Software für die Kommunikation mit der Chipkarte anzupassen, manchmal jedoch die Einrichtung eines Zusatzmoduls notwendig.[119]

Auch bei der elektronischen Geldbörse könnten in Analogie zum electronic-cash-System Gebühren für den Händler anfallen. Diese wiederum könnten sich in solche für die Verrechnung der Geldeinheiten und solche für die Ausrüstung mit den zur Abwicklung benötigten Instrumenten aufteilen lassen.

3.2.1.1.2 Einsparmöglichkeiten für den Händler

Die genannten Kosten entstehen im Vergleich zu Bargeld zusätzlich. Soll der Händler bereit sein, die Chipkarte mit electronic cash oder die elektronische Geldbörse neben Bargeld zu akzeptieren, müssen für ihn auch Vorteile daraus erwachsen.

Vorteile der Kartenzahlung gegenüber Bargeld sind insbesondere in den niedrigeren Risiken von Verlust durch Überfälle, Geldfälschungen, Unterschlagungen, aber auch von Vandalismus oder Aufbrüchen an Automaten zu sehen.[120]

---

[119] Vgl. Bartmann/Fotschki (1995), S. 645.
[120] Vgl. Bartmann/Fotschki (1995), S. 645.

Aufgrund der Kostenentwicklungen im Personalbereich liegt dem Handel zusätzlich daran, die Zeit für einen Kassiervorgang zu reduzieren.[121] Dies könnte durch den Einsatz der Chipkarte im allgemeinen (schnellere Autorisierung durch vor-Ort-Autorisierung in der Karte), insbesondere jedoch durch den Einsatz der GeldKarte (offline-Autorisierung und Wegfall der PIN-Prüfung) erfolgen. Dadurch ist der Mitarbeiter nicht mehr so lange an die Kasse gebunden und kann sich z.B. schneller wieder der Beratung widmen.

Wie beim bisherigen electronic cash mit Magnetstreifenkarten können auch die hohen Nachbearbeitungszeiten reduziert werden, die bei Bargeld oder Schecks nach Ladenschluß entstehen. Sehr schnell lassen sich Tagesumsätze ermitteln und einmalig über eine gewöhnliche Telefonleitung (statt über eine Standleitung wie beim bisherigen electronic cash) an die verrechnende Bank weiterleiten.[122] Damit werden die benötigten Nachbearbeitungszeiten spürbar verkürzt und die Kosten gesenkt.[123]

Bei Unternehmungen, die über eine Vielzahl von Produkten verfügen, die an Automaten vertrieben werden können, erwartet man durch die Chipkarte hohe Einsparungspotentiale, vor allem durch geringere Personalkosten:[124]

Zusätzlich zu diesen Rationalisierungen des Zahlungsverkehrs erfolgt auch eine Entlastung der Buchführung. Da die an den Abbuchungsterminals automatisch erstellten Daten ohne weitere Bearbeitung in die Finanzbuchhaltung einfließen können, kann die manuelle Nachbearbeitung in diesen Fällen weitgehend entfallen.[125]

Ein Problem der Umsetzung dieser Rationalisierungspotentiale könnte sein, daß sich die nach Berechnungen theoretisch erzielbaren Einsparungen sehr oft nicht oder nur schwer realisieren lassen. Gerade bei kleineren und mittleren Unterneh-

---

[121] Vgl. Martin, Andreas, Die Auswirkungen des Chips auf die Zahlungssysteme der Kreditwirtschaft, in: cards Karten cartes, 7. Jg., Ausgabe 1/Februar 1996, S. 33.
[122] Vgl. Röder (1993), S. 173.
[123] Bei der GeldKarte ist auch die Möglichkeit gegeben, die Umsätze auf einer Händlerkarte zu speichern und diese dann bei der Bank einzureichen. Von der Bank werden diese Umsätze dann an die Evidenzzentrale weitergeleitet. Gerade bei kleineren Unternehmen würde sich dieses Verfahren wegen ihrer geringeren Umsätze anbieten; vgl. Chip-Kartenprojekt Ravensburg/Weingarten (Hrsg.), GeldKarte - ein weiterer Schritt zur Automation des Bargeldes, Weingarten 1995, S. 13. In der Regel findet jedoch eine Übertragung mittels Datenfernübertragung statt; vgl. Altenhenne, Klaus R., Projektgeschäftsführer Chip-Kartenprojekt 'Geldkarte' Ravensburg/Weingarten, Telefonat am 02.04.1996, Zeit: 8:55-9:05 Uhr; Telefon: 0751/409148.
[124] Vgl. Bartmann/Fotschki (1995), S. 647.
[125] Vgl. Kruse, Dietrich, Die elektronische Geldbörse, in: geldinstitute, 24. Jg., Ausgabe 11/12-93, S. 60.

men ist die Umsetzung der Einsparungen, die wohl zum größten Teil Personalein-
sparungen wären, nicht ohne weiteres möglich. Zusätzlich behindert durch ein rigi-
des Arbeitsrecht wären Einsparungen erst dann spürbar, wenn durch den Einsatz
der Chipkarte ein ganzer Arbeitsplatz eingespart werden könnte. Aus diesem
Grunde lassen sich diese Einsparungspotentiale am schnellsten in Unternehmen mit
einer großen Beschäftigungszahl umsetzen.[126] Auch wenn die Einsparungspotentiale nicht ausreichend sind, die Arbeitszeit eines Beschäftigten einzusparen, so kann
doch durch frei werdende Kapazitäten eine Schwankung der Auslastung unter
Umständen aufgefangen werden.

Bereits vor wenigen Jahren, bei der Einführung von electronic cash am Point of
Sale, wurde dem Händler die Möglichkeit einer sicheren und gleichzeitig schnellen
Bezahlung eröffnet. Aufgrund der notwendigen online-Autorisierung waren damit
jedoch hohe Telekommunikationskosten verbunden. Der Anteil der Kommunikationskosten an den gesamten bei einer Transaktion anfallenden Kosten betrug dabei
ca. 70%.[127]

Deshalb entwickelten Banken Zahlungsverkehrsinstrumente wie ELV
(Elektronisches Lastschriftverfahren) oder OLV (Online-Lastschriftverfahren).
Von Seiten des deutschen Kreditgewerbes wurden diese „auf Wunsch von Teilen
des Handels"[128] um POZ (Point of Sale ohne Zahlungsgarantie) erweitert. Während der Kunde sich bei electronic cash mit seiner PIN legitimiert und die Zahlung
garantiert wird, legitimiert sich der Kunde bei POZ, OLV oder ELV lediglich mit
seiner Unterschrift, eine Zahlungsgarantie erfolgt dabei nicht.[129] Mit diesen Zahlungsarten ohne Zahlungsgarantie lassen sich zwar die Telekommunikationskosten
reduzieren, gleichzeitig sinkt jedoch durch die nicht mehr gegebene on-line-
Verbindung zur Autorisierungszentrale auch die Sicherheit.[130] Aus diesem Grund
machten bisher nur wenige von diesem Instrument Gebrauch, während viele
Händler, vor allem in Bereichen mit niedrigen Margen, geringen durchschnittlichen

---

[126] Vgl. Bartmann/Fotschki (1995), S. 646.
[127] Vgl. o.V. (1995c), S. 19.
[128] Walkhoff (1993), S. 163.
[129] Vgl. Sparkasse Dachau (Hrsg.), Zeitgemäß zahlen - elektronisch kassieren mit dem City Server , Dachau o.J..
[130] Vgl. Lederer, Anno, „Börsenfunktion" im Chip, in: Banking & Finance, o.J., Ausgabe 7/93,
S. 13f.

Transaktionssummen und hoher Kassenfrequenz, z.B. im Lebensmittelbereich, Kartenzahlungen bisher eher skeptisch gegenüberstehen.

Bei Einführung der Chipkarte hingegen könnte sich die Situation verändern. Durch die off-line-Autorisierung in der Karte selbst ist es möglich, in über 95% aller Fälle sichere Zahlungen bei gleichzeitig niedrigen Telekommunikationskosten zu erhalten, da die Datenübertragung entfällt.[131] So können die Kosten für die bisher für die online-Autorisierung benötigte Standleitung mittels Datex-P von monatlich 220 DM auf die Kosten einer Wählverbindung z.B. mittels ISDN auf 74 DM monatlich gesenkt werden. Obwohl keine Standleitung mehr besteht, wird es durch ISDN trotzdem zu keinen längeren Wartezeiten im Falle einer online-Autorisierung kommen. Dies stellt eine gewaltige Reduzierung der Kommunikationskosten dar. Durch die offline-Autorisierung ist es außerdem möglich, Zahlungen vorzunehmen, auch wenn keine direkte Datenverbindung mit einer Autorisierungszentrale besteht. Die Stabilität und Zuverlässigkeit des Systems wird dadurch gesteigert. Die Zahl der nicht möglichen Transaktionen kann so auf die Zahl schadhafter Karten oder Terminals begrenzt werden.[132]

Für potentielle Akzeptanten besonders wichtig dürften die geringen Transaktionskosten sein, denn nur dann ist es der elektronischen Geldbörse möglich, als Substitut für „die kosteninsintensiven Kleinbetragszahlungen in Bereichen des Handels, des öffentlichen Personennahverkehrs und der städtischen Einrichtungen" zu dienen.[133] Die GeldKarte ist damit für den Handel als Konkurrenz zu den bisherigen Verfahren electronic cash, POZ und ELV zu sehen.[134]

3.2.1.2 Die Kostenentwicklung für die Bank

Da bei den Banken bereits im Rahmen der Anpassungen an die Informationstechnologien sehr viel rationalisiert werden konnte, ist für sie der Umstieg von Magnetstreifenkarten auf Chipkarten nicht so gravierend wie für die Händler oder die Kunden.

---

[131] Vgl. Röder (1993), S. 173.
[132] Vgl. Röder (1993), S. 173.
[133] Vgl. Bartmann/Fotschki (1995), S. 644.
[134] Vgl. Bartmann/Fotschki (1995), S. 645.

3.2.1.2.1 Zusätzliche Kosten für die Bank

Durch die aufwendigere Technik fallen bei der Chipkarte im Vergleich zur Magnetstreifenkarte höhere Produktionskosten an. Diese resultieren wesentlich aus den Kosten für das Silizium, das für die Chips benötigt wird. So könnte sich allein die Herstellung einer ec-Karte von 5 DM auf 12 DM verteuern.[135] In aller Regel wird die Bank jedoch die gestiegenen Erstellungskosten an ihre Kunden weitergeben.

Höhere Kosten entstehen der Bank, wenn die Zusatzanwendung elektronische Geldbörse nach dem Modell des ZKA-Projekts verwirklicht wird. Dabei obliegt der Bank die „Führung von sog. „Schattenkonten"[136], die dazu dienen, die jederzeitige Vergleichbarkeit des Zählerstandes auf der Karte mit dem tatsächlichen Kontostand zu gewährleisten. Zugleich müssen die in Form von Bits auf der Karte gespeicherten Werte nach ihrer Übertragung auch gegen reales Geld getauscht, d.h. mit den Akzeptanzstellen verrechnet werden können. Um eine Abrechnung der Geldbörsen durchzuführen, müssen dabei von den einzelnen Banken Verrechnungskonten eingerichtet werden. Es wird geschätzt, daß diese Funktion bei der Bank zusätzliche Kosten in Höhe von ca. 5 Pfennigen je Transaktion verursacht.[137]

3.2.1.2.2 Einsparmöglichkeiten für die Bank

Die mit den Chipkarten verbundene Möglichkeit, geheimzuhaltende Daten innerhalb der Karte zu speichern, hat zunächst die Konsequenz, daß auf geheime Elektronik in den externen Geräten weitgehend verzichtet werden kann. Damit könnten die Anforderungen an die Sicherheitsarchitektur gesenkt werden. Die Herstellung günstigerer Automaten oder auch deren Aufstellung an ungeschützten Orten, an denen eine Installation bisher nicht denkbar war, wird möglich.[138]

Es wird erwartet, daß durch die Anwendung der Chipkarte gleichzeitig die Kosten der Bank sinken, die bisher mit den Ausfällen in diesem Bereich entstanden waren. Zu diesem Sachverhalt tragen die höhere Zuverlässigkeit sowie die gesteigerte Sy-

---

[135] Vgl. o.V. (1995c), S. 19.
[136] Chip-Kartenprojekt (1995), S. 16.
[137] Vgl. Morschhäuser (1995), S. 24.
[138] Vgl. Nowak/Röder (1982), S. 49.

stemsicherheit bei. Letztere soll insbesondere „das System vor kriminellem Mißbrauch und den dadurch entstehenden Schäden"[139] schützen.

Für die Bank ist die Einführung der Chipkarte in aller Regel lediglich mit Um-
rüstkosten bzw. -entlastungen verbunden. Hinzu kommen im Fall der Speicherung
elektronischer Geldeinheiten die Kosten für die Führung des Schattenkontos. Es ist
jedoch dennoch zu erwarten, daß die Einsparmöglichkeiten die Kostensteigerungen
überkompensieren.

3.2.1.3 Die Kostenentwicklung für die Kunden

Um ein qualitativ und quantitativ satisfizierendes Serviceniveau zu einem möglichst
geringen Preis zu erreichen, ist der Kunde daran interessiert, Zahlungsmittel zu
verwenden, welche eine hohe Akzeptanzdichte aufweisen und die dazu beitragen,
die klassischen Nachteile der Bargeldhaltung wie etwa der Sicherheits- und der
Opportunitätskostenaspekt zu reduzieren.

3.2.1.3.1 Zusätzliche Kosten für die Kunden

Dem Kunden werden von seiner Bank die im Vergleich zur Magnetstreifenkarte
höheren Produktionskosten berechnet, jedoch anteilsmäßig verringert durch die
längere Gültigkeitsdauer von drei statt zwei Jahren.[140]

3.2.1.3.2 Einsparmöglichkeiten für die Kunden

Der höhere Aufwand der Chipkarte im Vergleich zu anderen Kartentechnologien
wird durch die niedrigere Ausfallquote im Vergleich zu Magnetstreifenkarten ge-
rechtfertigt. Da damit die laufenden Kosten für den Ersatz schadhafter Karten sinken[141], kann erwartet werden, daß daraus insgesamt eine höhere Anwenderakzeptanz resultiert.

---

[139] Gaal (1994), S. 15.
[140] Die bisher üblichen 10 DM je ec-Karte und Jahr werden sich bei Einführung der Chipkarte
um mindestens 5 DM bis 10 DM erhöhen; die Sparkasse Leipzig erwägt z.B. bei einer Einführung eine Jahresgebühr zwischen 20 DM und 25 DM; vgl. Morschhäuser (1995), S. 24.
[141] Vgl. Gaal (1994), S. 15.

Da die elektronische Geldbörse als Bargeldsubstitut im Zahlungsverkehr dienen soll, wird die Karte vom Kunden nur dann akzeptiert werden, wenn die Kosten für die Bezahlung mit der Geldbörse gering sind. Wichtig sind in diesem Zusammenhang geringe Kosten des Kunden für die Beschaffung elektronischer Werteinheiten. Um dies zu erreichen, ist es notwendig, ein Netz von vielen Ladestationen einzurichten, an denen eine Aufladung der Karte zu niedrigen Ladekosten möglich ist.[142]

Gleichzeitig könnte der Kunde seine Kosten senken, indem er die Geldbörse mit einem höheren Betrag lädt. Damit wäre die Karte für mehrere Zahlungen geladen, Buchungsgebühren für den Ladevorgang fielen nur einmal an. Über diesen Ladevorgang hinaus fallen für ihn bei der elektronischen Geldbörse keine Kosten an.

Für den Kunden ist der Umstieg von der Magnetstreifenkarte zur Chipkarte mit höheren Produktionskosten verbunden, die ihm seine Bank in der Regel belasten wird. Trotzdem kann er seine Kosten reduzieren, indem er die electronic cash-Zahlungen, die bei jeder Zahlung einen Buchungsposten generieren, durch die Zahlungen mit der elektronischen Geldbörse substituiert.

3.2.1.4 Zusammenfassung

Trotz der Umrüstungskosten wird die Einführung der Chipkarte für den Händler und die Bank insgesamt mit Kostensenkungen verbunden sein. Zusätzlich kommt mit der elektronischen Geldbörse gerade in einem Bereich niedriger Margen und Transaktionssummen ein relativ günstiges Zahlungsmittel zum Einsatz. Auch für den Kunden stellt dieses Instrument wegen der Substitutionsmöglichkeit ein preiswerteres Zahlungsmittel dar. Damit könnte die Chipkarte trotz der anfangs höheren Kosten durch ihre später erzielbaren Einsparmöglichkeiten eine höhere Anwenderakzeptanz erreichen.

3.2.2 Die Kosten bei der Nutzung des Internets

Auch im Bereich des Internet-Banking ergeben sich durch die Neueinrichtung elektronischer Filialen im Internet zahlreiche Neuerungen. Damit sind Kostenver-

---

[142] Vgl. Bartmann/Fotschki (1995), S. 645.

änderungen für Händler, die Banken und die Kunden verbunden, die im folgenden analysiert werden sollen.

3.2.2.1 Die Kostenentwicklung für den Händler

Dem Händler liegt auch beim Zahlungsverkehr im Internet an schneller und sicherer Bezahlung seiner Ware zu für ihn geringen Kosten.

3.2.2.1.1 Zusätzliche Kosten für den Händler

Um überhaupt im Internet anbieten zu können, benötigt der Händler einen Netzzugang.[143] Die Präsenz im Internet gestaltet sich prinzipiell in Form einer Homepage, einer Angebotsseite. Dabei könnte man auch plastisch von einem virtuellen Ladenlokal sprechen. Die Kosten für die Einrichtung eines Informations-Kiosks belaufen sich nach von Bomhard[144] in Abhängigkeit von der eingebrachten Eigenleistung auf einen Betrag zwischen 500 und 4000 DM im Monat. Für zusätzlich zur Verfügung stehende Werbeseiten fallen z.B. beim Heise-Verlag in Hannover je Halbjahr 500 DM an Gebühren an.[145]

Dazu kommt die Verbindung mit einem Zahlungsverkehrsanbieter. Dieser Kontakt in Form einer Lizenz ist besonders wichtig, um die Situation zu vermeiden, daß Waren den Hoheitsbereich des Verkäufers verlassen, ohne daß dafür eine Zahlungsgarantie vorliegt. So ermöglicht z.B. ECash die sofortige Bezahlung mittels verschlüsselter Zahlenreihen, die an eine Bank weitergegeben und von dieser verifiziert werden. Danach kann die Ware vom Händler versandt werden.

3.2.2.1.2 Globale Präsenz zu gleichzeitig niedrigen Kosten

Die globale Präsenz, ein wichtiger Aspekt in der unternehmerischen Konzeption vieler Unternehmen, kann teilweise durch das Internet realisiert werden. Der Händler profitiert dabei von seiner globalen Erreichbarkeit unabhängig von der Größe seines Ladens. So ist es ihm problemlos möglich, seine Güter und Dienstleistungen weltweit über das Internet zu verkaufen. Einzige Voraussetzung für das

---

[143] Zu den Kosten für den Anschluß vgl. Gliederungspunkt 3.2.2.3.1.
[144] Sebastian von Bomhard ist Geschäftsführer der Spacenet GmbH.
[145] Vgl. Kurzidim, Michael, Bare Münze, in: c't, o.J., Ausgabe 4/95, S. 176.

Betreiben eines Gewerbes ist die Möglichkeit, Waren zu beschaffen oder Dienstleistungen zu erbringen. Ähnlich dem Versandhandel ist ein Ladenlokal dafür jedoch nicht erforderlich. Damit sind im Vergleich zu bisherigen Aufwendungen Einsparungen der Kosten bei Laden und Werbung möglich. Gleichzeitig könnten durch eine standardisierte Bearbeitung von Aufträgen über das Netz Kosten eingespart werden.

Obwohl kurzfristig noch Zweifel an der Eignung des Internets u.a. für den Zahlungsverkehr geäußert werden, wird es mittel- und langfristig eine Basis für einen weltweiten Handel darstellen. Damit stellen hinsichtlich der potentiell erreichbaren Kunden die zu tätigenden Aufwendungen einen vergleichsweise eher kleinen Beitrag dar.

3.2.2.2 Die Kostenentwicklung für die Bank

Auch für die Bank ergeben sich durch die Einführung von Internet-Banking Kostenverschiebungen.

3.2.2.2.1 Zusätzliche Kosten für die Bank

Hier fallen zuerst einmal Anschlußgebühren an das Internet an, die an einen Provider zu entrichten sind.[146]

Wie im konventionellen Zahlungsverkehr auch, wird die an das Internet angeschlossene Bank direkt vom Kunden (Überweisungsaufträge, Ein- und Auszahlungen, sonstige Auskünfte) oder indirekt über den Händler (Scheckzahlungen, Kreditkartenzahlungen) angesprochen. Im Gegensatz dazu und in Analogie zum Home-Banking via BTX werden die Überweisungen jedoch nicht in Papierform bei der Bank eingereicht, sondern als digitale Impulse übertragen. Dabei wird nur bei der Bank eine bestimmte Software direkt benötigt, der Kunde hingegen kann eben diese indirekt über die Telefonleitung bzw. das Internet benutzen.

---

[146] Unter einem Provider ist ein Netzzugangsbetreiber zu verstehen. Zu den Kosten für den Anschluß vgl. Gliederungspunkt 3.2.2.3.1.

3.2.2.2.2 Kosteneinsparungen für die Bank

Durch die verstärkte Nutzung von Home-Banking via BTX oder Internet läßt der Wunsch nach, Bankgeschäfte in der Zweigstelle zu tätigen. Dadurch verringert sich die Notwendigkeit für die Bank, Dienstleistungskapazitäten vor Ort bereitzustellen. Eine Reduzierung des Personalbestandes sowie unter Umständen eine Einschränkung der flächendeckenden Präsenz mit Zweigstellen ist denkbar.

Diese Maßnahmen müssen jedoch keineswegs die Zurückstufung der Erreichbarkeit und des Leistungsangebots der Bank bedeuten, sondern im Gegenteil wird die Bank mit BTX national, mit dem Internet sogar weltweit erreichbar. Dabei fallen lediglich Kosten für eine Leitung zum nächstgelegenen Zugangsbetreiber (Provider) an.[147]

Für viele Kunden ist zur gleichen Zeit die Nutzung der Dienste über das Internet möglich. Dazu müssen lediglich die notwendigen Daten und Informationen auf einer entsprechenden Datenbank bereitgestellt und gepflegt (d.h. aktuell gehalten) werden. Dabei ist jedoch zu bemerken, daß die damit verbundenen Kosten im Verhältnis zur erzielbaren Wirkung relativ niedrig sind.[148]

Für die Bank stellt die Einführung von Online-Banking die Fortführung des Home-Banking-Angebots dar. Auch bei dieser Variante der Bankdienstleistungen war die Vorhaltung von Software und Hardware auf Seiten der Bank notwendig. Beim Online-Banking ist hingegen mit den gleichen Mitteln ein weit größeres Kundenpotential ansprechbar. Zudem kann die vom Kunden bereits teilweise vollzogene Substitution von „Zweigstellen-Banking" zu Home-Banking von der Bank gut nachvollzogen und die hohen Kosten im Filialgeschäft auf diese Weise gesenkt werden.

3.2.2.3 Die Kostenentwicklung für die Kunden

3.2.2.3.1 Zusätzliche Kosten für die Kunden

Im Gegensatz zu herkömmlichen Bankgeschäften ist ähnlich wie bei BTX-Banking eine „Hardwareausstattung" notwendig. Dazu zählen die Geräte, derer man sich bedient, um im Internet überhaupt tätig werden zu können. War dies beim Bild-

---

[147] Zu diesen Kosten vgl. Yogeshwar/Hallet (o.J.), S. 24.
[148] Vgl. Birkelbach (1995b), S. 392.

schirmtext-System der damaligen Deutschen Bundespost in den ersten Jahren ein spezielles Terminal, so können für Internet-Banking ein beliebiger Personal Computer, ein Modem zur Datenübertragung[149] und der dazugehörige Telefonanschluß genutzt werden. Der in diesem Bereich vorherrschende Preisverfall bei gleichzeitiger Leistungssteigerung macht es heute möglich, bei einem bestehenden Telefonanschluß T-Online, das erweiterte Nachfolgeangebot des BTX-Systems, schon zu relativ niedrigen Einstiegspreisen zu nutzen.[150] Wie bei BTX-Banking, so ist auch bei Internet-Banking der Zugang zu einem Anbieter nötig. War dies bei BTX im nationalen Bereich die Deutsche Bundespost, so ist es bei Internet-Banking nicht zwingend der nationale Telefonmonopolist; viele andere Provider bieten ebenfalls einen Zugang zum Internet an. Diese sind dezentral über ganz Deutschland verteilt und konkurrieren untereinander in Preis und Leistung.[151]

Im Gegensatz zur Hardware, also der gerätemäßigen Ausstattung, fallen für die benötigte Software in der Regel nur noch geringe Kosten an, da sie meist zusammen mit der Hardware verkauft werden[152] oder kostenlos über den Provider oder das Internet erhältlich sind.

3.2.2.3.2 Einsparungen beim Kunden

Einige Kreditinstitute bieten niedrigere Kontoführungsgebühren für diejenigen an, die Home-Banking betreiben. Von vielen Banken und Sparkassen wurde ein Anreizsystem für die Nutzung der elektronischen Dienste entwickelt und umgesetzt.[153] Die Ausdehnung dieser Kostenreduktion für Home-Banking-Kunden auch auf Internet-Kunden wäre wünschenswert, steht jedoch noch nicht fest, da bisher keine deutsche Bank diesen Service anbietet.

---

[149] Der Modulator/Demodulator (MoDem) dient zur Umwandlung von digitalen Signalen in Tonsignale, um diese über die Telefonleitung übertragen zu können; PCs mit ISDN-Anschluß brauchen dieses Modem nicht, statt dessen jedoch einen ISDN-Adapter, um die Übertragungsrate auf 64.000 bps zu steigern. Dies ist möglich, da die Daten nicht umgewandelt werden müssen, sondern digital versandt werden; vgl. o.V., Der Anschluß an das Weltnetz, in: FOCUS, o.J., Ausgabe 4/96, S. 119.

[150] Eine Übersicht über die Tarife von T-Online und anderer Anbieter bietet Yogeshwar/Hallet (o.J.), S. 49f und Fey, Jürgen / Kunze, Michael, Schwimmen im Infopool - Auf dem Weg zur globalen Informationsgesellschaft, in: c't, o.J., Ausgabe 4/95, S. 168ff.

[151] Vgl. Yogeshwar/Hallet (o.J.), S. 24.

[152] Sog. Starter-Kits, Vgl. Yogeshwar/Hallet (o.J.), S. 26f.

[153] Vgl. Birkelbach, Jörg, Geschäfte mit der virtuellen Bank - Homebanking, in: Bank Magazin, o.J., Ausgabe 3/95, S. 52; vgl. Bank24, Aktuelle Konditionen, im Internet: http://www.bank24.de/g.konditionen.html (27.11.1995).

Bei einer der wenigen im Internetzahlungsverkehr aktiven Banken, der Mark Twain Bank, fallen lediglich bei der Umwandlung von Valuta in ECash Gebühren in Abhängigkeit des ausgewählten Abrechnungsmodells an. Die Bank unterscheidet dabei sowohl nach Kunden oder Händlern, aber auch nach der Häufigkeit der voraussichtlichen Benutzung.[154]

Durch die Vornahme von Bankgeschäften oder Einkauf über das Internet kann wie beim BTX-System ein großer Teil der bisher für die Vornahme von Bankgeschäften benötigten Zeit eingespart werden. Zugleich kann auch bei Tätigung von Transaktionen an einem „virtuellen POS" Zeit dadurch eingespart werden, indem die Waren über das Netz bestellt und eventuell sogar bezahlt werden können.

3.2.2.4 Zusammenfassung

Beim Zahlungsverkehr über das Internet kommt es zu Kostenbe- und -entlastungen für den Händler, die Bank und den Kunden. Ähnlich dem BTX-System kommt es im Bereich der Kundenselbstbedienung zu einer Kostenentlastung im Bankenbereich, die an den Kunden weitergegeben werden könnte. Darüber hinaus sinken möglicherweise auch im Rahmen des virtuellen Point of Sale beim Händler die Kosten für die Bearbeitung der über das Netz gegebenen Aufträge. Für den Kunden schließlich fällt besonders der Zeitfaktor ins Gewicht, denn er kann Transaktionen von zu Hause aus vornehmen, statt sich persönlich in die Bank oder in ein Ladenlokal zu begeben.

3.3 Sicherheit

Nur dann, wenn es gelingt, die neuen Medien vor Mißbrauch zu schützen, werden Banken, Händler und Kunden die zuvor dargestellten Vorteile auch realisieren können. In diesem Kapitel werden deshalb die bestehenden Mißbrauchsmöglichkeiten und die Vorkehrungen, welche die Instrumente im Zahlungsverkehr davor schützen sollen, untersucht. Wiederum sollen zuerst die Chipkarte und dann das Internet betrachtet werden.

---

[154] Zu einer genauen Aufgliederung der Gebühren vgl. Mark Twain Bank, Ecash Fee Schedule, im Internet: http://www.marktwain.com/fee.html (Stand: 19.02.1996).

3.3.1 Die Sicherheit der Chipkarte

Die Chipkarte ist als Nachfolgerin der Magnetstreifenkarte zu sehen, von der sie sich allerdings grundsätzlich in ihren technischen Eigenschaften unterscheidet und dadurch den am Kartenzahlungsverkehr Beteiligten einen größeren Schutz bieten kann.

3.3.1.1 Sicherheit vor Fälschungen

Durch das Zusammenspiel der drei Komponenten Identifikationskarte, Chip und Software werden verbesserte Sicherheitsmaßnahmen generiert. Der Chip und die für die Ablaufsteuerung verwendete Software stellen im Vergleich zur bisherigen Magnetstreifenkarte neue Bauteile dar.

Die Sicherheitsmerkmale des ersten Elements, der Identifikationskarte, entsprechen denen der Magnetstreifenkarte.[155] Ergänzt werden diese Kartenmerkmale durch die Bauelemente im Chip selbst. So dienen die Metallisierung, Speicherschutz, Coprozessoren und andere Bauteile der Sicherheit der Chipkarte.[156] Durch immer filigranere Technik (d.h. durch eine „Verkleinerung der Strukturen"[157]) und neuartige Rechner wird versucht, die Fälschungssicherheit immer weiter zu erhöhen. Dabei kann im Gegensatz zur Magnetstreifenkarte, bei der eine Echtheitsprüfung nur durch Zusatzkomponenten durchgeführt werden konnte[158], bei der Chipkarte eine unveränderliche Ablage von Daten erfolgen.[159] Dazu zählt die Kartennummer, die als Identifikationsnummer schon bei der Herstellung des Chips unlöschbar in ihm gespeichert worden ist.[160] Auf diese Weise kann zusätzlich der Weg vom Produzenten eines Chip-Moduls zu seinem Nutzer kontrolliert und so verhindert wer-

---

[155] Es handelt sich dabei im Einzelnen um den Druck der Karte (Mehrfachschichten, etc.), ein Hologramm (Beethoven/Jahreszahl des Ablaufs), die Unterschrift auf einem Feld, auf dem nicht (ohne Spuren) radiert werden kann und das Echtheitsmerkmal (MM); vgl. Weikmann (1992), S. 40. Als weitere Merkmale sind der Guillochen-Druck, spezielle Farben, die nur unter UV-Licht zu sehen sind, und die mögliche Integration von Fotos oder lasergravierten Unterschriften zu nennen; vgl. Schuster/Wagner (1995), S. 42.
[156] Vgl. Weikmann (1992), S. 40.
[157] Borchert (1995), S. 26.
[158] In Deutschland erfolgte diese durch das sogenannte „maschinenlesbare Merkmal" (MM), das eine sichere Zuordnung der Daten zu einer bestimmten Karte ermöglichte.
[159] Vgl. Wigand (1991), S. 48f.
[160] Vgl. Borchert (1995), S. 24ff.

den, daß Chip-Rohlinge auf den Markt kommen und damit Duplikate angefertigt werden könnten. Durch deren Ablage in einem Festspeicher (ROM), der jeden Zugang kontrolliert, sind diese nach außen gegen jeden mißbräuchlichen Zugriff geschützt. Ein Verändern der Daten ist dadurch ebensowenig möglich.[161]

Als dritte Komponente der Chipkarte dient das Betriebssystem, mit dem der Chip das Sicherheitsmodul bildet. Das Betriebssystem, das sämtliche Abläufe steuert, ermöglicht eine User- und Systemauthentisierung, Verschlüsselung, die Generierung von Zufallszahlen und eine sichere Übertragung.[162] Durch die erschwerte Auslesbarkeit der Daten und der Integration eines Mikroprozessors wird es nur unter großem Aufwand möglich, die Daten auf eine andere Karte zu übertragen und damit ein Duplikat herzustellen.[163]

3.3.1.2 Sicherheit vor Manipulation des Terminals

Auch durch manipulierte Terminals gäbe es eine Möglichkeit, Mißbrauch zu begehen. So könnte der Verkäufer durch eine gefälschte Anzeige auf dem Kassendisplay dem Käufer einen Betrag mitteilen, der Karte jedoch einen anderen (höheren). Dies kann zwar weiterhin nur durch Sicherheitsvorkehrungen im Terminal selbst verhindert werden, doch wäre durch den Einsatz einer Super-Smartcard auch diese Mißbrauchsmöglichkeit auszuschließen. Bei dieser Karte erfolgt der Datenaustausch kontaktlos und der zu bezahlende Betrag wird direkt auf der Karte selbst angezeigt.

Eine weitere Mißbrauchsmöglichkeit birgt die Eingabe der PIN. Sie wird am Terminal im Klartext eingegeben und in der Chipkarte selbst verifiziert. Um einem Mißbrauch (Aufzeichnung der eingegebenen PIN) durch ein sogenanntes „fake"[164] Terminal, also eine Terminalattrappe, vorzubeugen, muß auch hier das Terminal über besondere Sicherheitsvorkehrungen verfügen. Diese Attrappen waren bei der

---

[161] Vgl. Borchert (1995), S. 24.
[162] Vgl. Weikmann (1992), S. 40.
[163] In Frankreich zeigte das Zusammenwirken sämtlicher Schutzmechanismen der Chipkarte einen deutlichen Erfolg. So reduzierte sich die Betrugsrate von 0,177 (1988) auf 0,05% (1993), während die Zahl der mit einem Chip ausgestatteten Karten im gleichen Zeitraum von 17 auf 23 Millionen Karten stieg. In den meisten anderen Ländern, welche die Chipkarte nicht einsetzten, stieg in diesem Zeitraum die Betrugsrate; vgl. Maes, Philippe, Chipkarte als elektronische Geldbörse, in: dynamik im handel, 37. Jg., Ausgabe 11/93, S. 38.
[164] Schuster/Wagner (1995), S. 41.

Magnetstreifenkarte dazu verwendet worden, die Kartendaten auszulesen, um ein Kartenduplikat herstellen zu können. Wurde die PIN eingegeben, konnte sie aufgezeichnet und im Zusammenhang mit einer Kartenkopie Mißbrauch betrieben werden. So wurde zusätzlich zur online-Verbindung auch ein „trusted"[165] Terminal benötigt, um Sicherheit gewährleisten zu können.

Bei der Chipkarte kann jedoch durch ihre Prozessorfähigkeit eine Prüfung des Terminals auf Echtheit durch die Karte selbst mittels eines Challenge-Response-Verfahrens erfolgen.[166] So läßt sich mit ihr „das unbefugte Lesen und Verändern von Daten und sogar die Benutzung in nicht autorisierten Lesegeräten"[167] verhindern.[168] Dennoch ist diese Gefahr im Vergleich zur Magnetstreifenkarte wegen der erschwerten Anfertigung von Duplikaten von weit geringerer Bedeutung.[169]

3.3.1.3 Sicherheit trotz Offline-Autorisierung

Wesentlich schneller, aber auch sicherer wird die Bezahlung mit der Chipkarte durch den Wegfall der Übertragung der Kartendaten und der PIN, die bisher nötig war, um die Autorisierung in der Evidenzzentrale zu ermöglichen.

Eben diese Übertragung bedingte die Notwendigkeit, die Daten geheim zu halten, und stellte wegen der Manipulations- bzw. Mithöranfälligkeit einen Schwachpunkt der bisherigen Online-Autorisierung dar. Bei der Chipkarte hingegen ist es möglich, die PIN sicher auf der Karte selbst unterzubringen. Damit kann mit der Chipkarte die Autorisierung überwiegend zwischen Terminal und der Karte selbst bei gleichzeitiger Abfrage der PIN und einem Listenvergleich[170] erfolgen. Auf diese Weise wird zusätzliche Sicherheit gewonnen, da die Daten nur noch zwischen

---

[165] Christoffersen, Per / Hald, Flemming, Security in chip and magnetic card applications using PINPads, in: tec, o.J., Ausgabe 1/95, S. 26.

[166] Vgl. Judt, Ewald, Chipkarte zwischen Bank und Markt, in: cards Karten cartes, 5. Jg., Ausgabe 3/Aug. 94, S. 20; Unter diesem Verfahren ist die mathematische Beantwortung einer Zufallszahlenfolge zu verstehen. Aus der ursprünglichen Folge von Zahlen wird mit Hilfe eines PC oder einer SmartCard eine weitere Zahlenfolge ermittelt. Diese Berechnung wird sowohl beim autorisierenden Rechner als auch im Prüfrechner durchgeführt. Stimmen errechnete und übermittelte Antwort überein, hat sich der zu identifizierende ausreichend legitimiert; vgl. Reif (1995a), S. 175.

[167] Gaal (1994), S. 15.

[168] Ein Beispiel für die Anwendung eines Challenge-Response-Tests findet sich bei Böndel, Burkhard, Hase und Igel, in: Wirtschaftswoche, 48. Jg., Ausgabe 40/94 vom 30.9.1994, S. 126.

[169] Vgl. Christoffersen/Hald (1995), S. 27.

[170] Es erfolgt ein Vergleich der Kartennummer mit der Liste der Nummern gestohlener Karten.

Terminal und der Karte ausgetauscht werden. Damit werden die Erwartungen des Handels, durch den Einsatz der Chipkarten eine sicherere Identifikation des Kartenbenutzers (Cardholder Verification) zu erhalten, erfüllt.

Durch den Speicher der Chipkarte, der es ermöglicht, bisherige Transaktionen aufzuzeichnen, könnte eine weitere Art von Mißbrauch vermieden werden. Wird beispielsweise die Karte gestohlen und ist der PIN-Code Karte bekannt, so ist dennoch das Terminal in der Lage, „plötzliche Veränderungen im Kaufverhalten festzustellen"[171]. Tritt diese Verhaltensänderung auf, so kann die Karte durch die gespeicherten Informationen die Entscheidung erleichtern, ob statt offline sicherheitshalber online autorisiert werden soll.

Um zusätzliche Sicherheit zu erhalten, ist es möglich, zusätzlich zur PIN ein Monatslimit als (elektronischen) Scheck auf der Karte zu speichern. Innerhalb dieses Limits kann dann die Chipkarte selbst offline autorisieren. Ist dieses Limit verbraucht, muß Kontakt mit der Bank aufgenommen werden. Dabei baut das Terminal auf Veranlassung durch die Karte automatisch eine Verbindung zur Bank auf, die dann online ein weiteres Limit einräumen kann oder nicht. Für den Benutzer der Karte ändert sich nach außen hin jedoch nichts. Er muß bei beiden Verfahren, online wie offline, seine PIN eingeben, um sich zu verifizieren.[172] Wird das weitere Limit eingeräumt, so können wieder bis zum Verbrauch des Betrages offline-Transaktionen durchgeführt werden; lehnt die Bank die Einräumung ab, so ist die Karte für electronic-cash-Anwendungen bis zur Einräumung eines neuen Limits, z.B. am Beginn eines neuen Monats, nicht mehr zu gebrauchen. Andere Anwendungen auf der Karte wie die elektronische Geldbörse sind davon nicht berührt.

3.3.1.4 Sicherheit durch verschiedene Identifikationsmöglichkeiten

Prinzipiell kann die Identifizierung einer Person durch individuelle Charakteristika, Fähigkeiten, Informationen oder einen persönlichen Gegenstand erfolgen.[173]

Eine Identifikation anhand dieser Kriterien ist durch einen persönlichen Kontakt problemlos möglich. Im Umgang mit elektronischem Gerät ist sie jedoch bedeutend schwieriger. Um eine sichere Identifikation dennoch zu gewährleisten, muß auf die

---

[171] Maes (1993), S. 38.
[172] Vgl. Cimiotti (1995), S. 64.
[173] Vgl. Schuster/Wagner (1995), S. 41.

Verwendung eines maschinenlesbaren oder -erkennbaren Kennzeichens zurückgegriffen werden. Deshalb werden in diesem Abschnitt Charakteristika, Informationen und persönliche Gegenstände näher betrachtet, um dann Aussagen über die
Vorteile der Chipkarte gegenüber herkömmlichen Karten machen zu können.

Bei der Anwendung von Charakteristika oder „biometrischer Merkmale" findet
eine Identifizierung der Benutzer durch elektronische Geräte über den Vergleich
von bereits gespeicherten Original-Daten und den während eines Identifizierungs-
vorgangs gemessenen Daten statt. Für die Speicherung dieser biometrischen Daten
wird jedoch sehr viel Speicherplatz benötigt. Das ist auf einer Chipkarte, nicht jedoch auf einer Magnetstreifenkarte durchführbar. Bei dieser konnte lediglich auf
die Verwendung einer Persönlichen Identifikationsnummer zurückgegriffen werden. Eine Möglichkeit, die zur Zeit bei der Volksbank Höxter-Beverungen eG getestet wird, ist die „automatische Gesichtsidentifikation"[174]. Obwohl es theoretisch
damit möglich wäre, die PIN zu ersetzen, erfolgt sie bei diesem System lediglich in
Ergänzung zur PIN, um eine sehr hohe Sicherheit zu gewährleisten.[175] Da kör-
pereigene Merkmale weitgehend unveränderlich sind, kann eine sichere Identifizierung gewährleistet werden.

Bei dieser automatischen Gesichtsidentifikation könnte jedoch ein Problem darin
bestehen, daß zwar eine sichere Identifikation trotz leichten Veränderungen möglich ist[176], eine Wiedererkennung bei gravierenderen jedoch angezweifelt werden
muß.[177] Hinzu kommt, daß diese Identifizierungen sehr aufwendig und kostenin-
tensiv (Lesegeräte und deren Reinhaltung) sind und deren Akzeptanz beim Nutzer
keineswegs sicher ist. Kritiker merken z.B. die Ähnlichkeit mit kriminaltechnischen
Untersuchungen an. Auch im Rahmen möglicher Gesetze könnten dann diese gespeicherten Daten z.B. von der Polizei benutzt werden.[178]

---

[174] MAKU Informationstechnik GmbH/Siemens Nixdorf Informationssysteme AG, FACE LINE -
Automatische Gesichtsidentifikation am ProCash 400, o.O. o.J.; bei diesem Verfahren müssen die
drei Merkmale Kartenbesitz, PIN und biometrisches Merkmal mit den gespeicherten bzw. be-
rechneten Daten übereinstimmen, um eine Transaktion durchführen zu können.
[175] Vgl. MAKU/Siemens (o.J.).
[176] Die Identifikation soll vor allem anhand der Kinnpartie erfolgen; vgl. MAKU/Siemens (o.J.).
[177] Dabei kann wegen kleiner Schwankungen schwierig sein, die Toleranzgrenze festzulegen:
wird diese zu eng um den tatsächlichen Wert gesetzt, könnte es passieren, daß dem berechtigten
Nutzer der Zugang verwehrt wird. Ist die Toleranzgrenze jedoch zu weit, besteht die Gefahr, daß
ein Unberechtigter versehentlich als Berechtigter anerkannt wird.
[178] Vgl. Schuster/Wagner (1995), S. 41.

Eine andere Gefahrenquelle bei dieser Art der Identifizierung ist die Problematik des Abfangens der auf der Karte gespeicherten biometrischen Werte und deren Mißbrauchs. Eine Änderung der konstanten biometrischen Werte ist jedoch komplexer als die einer PIN oder eines Paßwortes.

Eine weitere Identifikationsmethode stellt die Verwendung eines Geheimnisses dar. Dies wird bereits bei der Magnetstreifenkarte durch die Eingabe der persönlichen Identifikationsnummer (PIN) umgesetzt.

Eine weitere Möglichkeit, sich zu identifizieren, ist der Besitz eines bestimmten Gegenstandes. Dieser muß jedoch auch für ein elektronisches Gerät erkennbar, d.h. maschinenlesbar sein. Dafür kommen nur Gegenstände, insbesondere Karten mit elektronischer Lesefläche in Frage. Allerdings ist allein der Besitz einer Karte kein ausreichendes Indiz dafür, daß es sich wirklich um den rechtmäßigen Nutzer der Karte handelt.

Aus diesen Gründen wird trotz der höheren Speicherkapazität der Chipkarte die Abfrage einer PIN und der Besitz einer dazugehörigen Karte zumindest kurzfristig der Standardzugang zu bargeldlosen Zahlungssystemen sein.[179] Jedoch könnte die Weiterentwicklung der vorgestellten Alternativen die Sicherheit der Chipkarte in Zukunft weiter verbessern.

3.3.1.5 Sicherheit durch einen Fehlbedienungszähler

Im Falle eines Diebstahls der Karte könnten, um die Persönliche Identifikationsnummer herauszufinden, alle möglichen Kombinationen ausprobiert werden. Deshalb ist wie bei der Magnetstreifenkarte auch, die Zahl der Fehlversuche zum Schutz des Karteninhabers auf drei begrenzt. Durch einen integrierten Fehlbedienungszähler kann so die Zahl der falschen Eingaben der PIN überwacht und sich die Karte selbst sperren.[180]

---

[179] Vgl. dazu Schuster/Wagner (1995), S. 41.
[180] Vgl. Hoffmeister, W., Sicherheit à la Carte, in: geldinstitute, 25. Jg., Ausgabe 6/94, S. 99.

3.3.1.6 Technische Sicherheit

Auch die Lebensdauer und die Betriebssicherheit sind für die Benutzung einer Karte wichtig. Obwohl diese stark von der jeweiligen Nutzungsintensität bzw. der Aufbewahrung abhängen, zeigt sich in Erfahrungen mit der Telefonkarte, daß die Ausfallquote bei Chipkarten weit niedriger ist als bei Magnetstreifenkarten.[181]

3.3.1.7 Sicherheit bei Anwendungen

Nicht nur die Karte oder die Lesegeräte, sondern auch die verrechneten Werte können Gegenstand von Mißbrauch sein. Dabei ist von Mißbräuchen im Allgemeinen weniger das electronic cash System betroffen, auch wenn dieses, wie bei der Chipkarte geplant, offline betrieben wird. Dies ist darin begründet, daß diese Transaktionen mit den entsprechenden Daten (Vertragspartner, Datum und Zeit der Transaktion, evtl. Scheckkartennummer) aufgezeichnet werden.[182]

Stärker betroffen hingegen ist die elektronische Geldbörse, bei der es um eine dem Bargeld entsprechende, also auch anonyme Zahlungsweise geht. Um die Zahlungen dabei möglichst kostengünstig abwickeln zu können, werden die offline getätigten Umsätze gesammelt und dann bei einer Verrechnungsstelle eingereicht. Da jedoch in dieser größeren Menge eine einzelne Transaktion nicht mehr identifizierbar ist, entsteht die Gefahr, daß Umsätze mehrfach eingereicht werden könnten. Deshalb muß ein System installiert werden, das Mehrfacheinreichungen verhindert und statt dessen nur wirklich getätigte Umsätze akzeptiert. Dieses System hat aber trotzdem die Bearbeitung vieler gesammelter Umsätze zu ermöglichen[183] und die elektronischen Werteinheiten für eine spätere Abrechnung manipulationssicher zu speichern. Durch die zentrale Speicherung in Ergänzung der Aufzeichnung von Transaktionen auf der Karte könnte wegen der dann bestehenden Rückerstattungsmöglichkeit im Falle eines Datenverlustes die Sicherheit erhöht werden.

Eine andere Sicherheitsfacette bietet die Mondex-Karte. Bei diesem bisher lediglich in einem Feldversuch getesteten System kommt zusätzlich zur Karte ein sogenann-

---

[181] Vgl. Gaal (1994), S. 15.
[182] Vgl. Klein/Kubicek (1995), S. 36.
[183] Vgl. Cimiotti (1995), S. 63.

tes „electronic wallet"[184] zum Einsatz, das elektronische Werte zwischenspeichern und damit die Reduktion der Geldmenge auf der Karte ermöglichen könnte.[185]

Eine Anwendung, die auch im Rahmen des elektronischen Zahlungsverkehrs Verwendung finden könnte, ist die elektronische Unterschrift. Die von Whitfield Diffie 1976 erstmals vorgestellte Technik formt eine Nachricht dergestalt um, daß derjenige, der sie liest, weiß, wer sie gesandt hat.[186] Dies geschieht durch die Anwendung asymmetrischer Verschlüsselungstechniken.[187] Die für die Verschlüsselung benötigten Zahlenketten können auf der Chipkarte gespeichert und jederzeit durch den Gebrauch der Karte abgerufen werden.

Bisher ist eine digitale Unterschrift jedoch noch nicht rechtswirksam, doch soll in den kommenden Jahren auch die digitale Unterschrift Rechtskraft erlangen.[188]

Mit der digitalen Unterschrift kann die Sicherheit in zweifacher Hinsicht verbessert werden: Zum einen kann durch mit dem privaten Schlüssel codierte Transaktionsdaten der Absender festgestellt werden. Damit würden die Mißbrauchsmöglichkeiten eines unehrlichen Beteiligten durch die klarere Beweislage eingeschränkt. Zum anderen könnte eine als „digitale" Unterschrift an die Transaktionsdaten gehängte Prüfsumme zusätzliche Sicherheit bieten, denn damit würden nicht erkennbare Veränderungen am Datensatz während der Übertragung verhindert.

3.3.1.8 Zusammenfassung

Bei der Chipkarte als aktivem Rechner bewirken die dargestellten Maßnahmen eine deutliche Verbesserung der Sicherheit gegenüber der Magnetstreifenkarte. Wesentlich bewirkt wird dieser Zuwachs durch die erweiterten Speichermöglichkeiten sowie die unabhängigen Einsatzmöglichkeiten der Karte.

---

[184] Mondex, the electronic wallet, im Internet: http://www.mondex.com/mondex/wallet.htm (Stand: 18.01.1996).
[185] Vgl. Kapitel 3.4.1.2.
[186] Vgl. Chaum (1992), S. 96.
[187] Eine genauere Darstellung des asymmetrischen Verschlüsselungsverfahrens findet sich bei den Ausführungen zur Verschlüsselung im Internet im Kap.2.2.2.3.
[188] Vgl. Kap. 4.2.3.

3.3.2 Die Sicherheit des Internets

Das Internet besteht aus weltweit dezentral verbundenen Teilnetzen. Dabei werden zum Datenaustausch Telefonleitungen benutzt. Diese verfügen jedoch über keine Schutzmaßnahmen gegen Abhörmöglichkeiten.[189] Darüber hinaus verläuft der Datenaustausch unter Umständen über viele Netze, so daß dadurch zusätzliche Gefahren für die Datensicherheit entstehen.

Zudem erfolgt insbesondere bei Banken und Händlern ein Zugriff von mehreren Nutzern gleichzeitig auf die Server, auf denen Dienstleistungen angeboten werden. Diese sind jedoch an das Netz angeschlossen und können nicht problemlos davon getrennt werden, um Mißbrauchsmöglichkeiten auszuschließen. Aus diesem Grund müssen besondere Sicherheitsvorkehrungen getroffen werden, um die Datensicherheit zu gewährleisten und Mißbrauch zu verhindern.

3.3.2.1 Sicherheit durch Verschlüsselung

Das zentrale Problem des Internets stellt die mangelnde Sicherheit unverschlüsselter Daten und damit die Vermeidung von Mitlesen oder Manipulieren dar. Weil das Internet sich auf eine Vielzahl von Computernetzen stützt, ist bei jedem der Netzwerke, über das die Kommunikation läuft, die Möglichkeit des Mithörens (passives Abhören) oder der Manipulation (aktives Abhören) gegeben. Für denjenigen, der etwas mit Hilfe des Netzes übertragen möchte, bestehen dadurch im Wesentlichen drei Gefahren: die Gefahr der Publizierung geheimer Daten (betrifft die Geheimhaltung), die Veränderung von Datenpaketen (betrifft die Integrität der Daten) und die Hinzufügung fingierter Datenpakete (betrifft die Echtheit).[190]

Aufgrund der Tatsache, daß es für Experten relativ einfach ist, eine sensible Information wie z.B. die Kreditkartennummer, die über das Internet weitergegeben wurde, gezielt aus der Datenmenge zu filtern, steigt die Gefahr von Manipulationen. Ein Schutz vor der Veröffentlichung geheimer Daten kann primär durch eine Verschlüsselung bei der Übertragung gewährleistet werden. Diese muß grundsätzlich bei jeder Datenweiterleitung im Internet erfolgen. Um zusätzlich sicherzuge-

---

[189] Vgl. Seeger (1996), S. 213.
[190] Vgl. Reif (1995a), S. 174.

hen, daß eine Nachricht nicht verändert oder ein anderer Inhalt hinzugefügt wird, können „cryptographic hashes", d.h. krytographischen Kontrollsummen, eingesetzt werden.[191]

3.3.2.2 Schutz der Daten nach außen

War zur Zeit der Entstehung des Internets aufgrund der Überschaubarkeit der Rechnermenge Netzsicherheit noch von geringerer Bedeutung, so ist es heute bei einer geschätzten Nutzerzahl von mehr als 32 Millionen Menschen ein wichtiger Aspekt, der nicht zu vernachlässigen ist.[192] Weil das Internet nicht nur für öffentlich zugängliche Geschäftsaktivitäten genutzt wird, sondern auch die Basis für den sensiblen Bereich des firmeninternen Datenaustauschs und der firmeninternen Kommunikation darstellt[193], sind Maßnahmen zum Schutz vor Datenmanipulation bzw. -diebstahl durch einen „virtuellen" Einbruch erforderlich. Besondere Bedeutung kommt dabei der Tatsache zu, daß auch von außerhalb des Unternehmens ein Zugriff auf einen Computer erfolgen könnte, ohne daß dieser ordentlich autorisiert sein könnte. Daß dieser Schutz notwendig ist, zeigen die Fälle von Einbrüchen in interne Netze.[194] Früher waren es „vor allem Tüftler, die aus Spaß an der Sache oder um ihr Können unter Beweis zu stellen, in fremde Datenbanken einbrachen", heute hingegen „sind dies professionelle Datendiebe und Saboteure, die große Schäden verursachen können"[195].

Eine relativ einfache Möglichkeit der Vermeidung solcher Schäden wäre, eine klare Unterscheidung zwischen internen und externen Rechner einzuführen, die miteinander nicht in Kontakt stehen. Dies hätte jedoch zur Konsequenz, daß Benutzer,

---

[191] Dabei berechnet der Absender beim Versand eine Kontrollsumme, die er seiner Nachricht beifügt. Der Empfänger ermittelt ebenso diese Kontrollsumme und bei Übereinstimmung kann der Empfänger sicher sein, daß die Nachricht nicht verändert wurde; vgl. Five Paces Software, Internet Banking and Security, im Internet: http://www.sfnb.com/fivepaces/wpaper.html (Stand: 27.11.1995).
[192] Vgl. Bauer/Holzer/Weidner (1995), S. 66.
[193] Vgl. Birkelbach (1995b), S. 390.
[194] Beispielsweise sei der Fall des sog. „Wurms" im Internet genannt. 1988 wurde von einem Studenten ein selbstreplizierendes Programm ins Internet eingeschleust, das 6000 Rechner vorübergehend lahmlegte. Nur wenig später, 1991, erfolgte ein Einbruch zweier Computerexperten aus den Niederlanden in ein militärisches Netz in den USA. Dabei gelangten sie auch an geheime Daten; vgl. Bauer/Holzer/Weidner (1995), S. 66.
[195] Schürmann, Hans, Firewall macht Hackern Leben schwer, in: Handelsblatt, o.J., Ausgabe Nr.12 vom 17.01.1996, S. 25.

die beide Systeme benutzen, zwischen den verschiedenen Rechnern hin und her
wechseln müßten. Dadurch würde aber der Benutzerkomfort erheblich sinken.

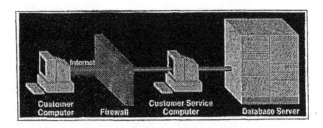

Abb. 6: Einstufiger Firewall[196]

Um diese Situation zu vermeiden, müssen deshalb aufwendigere Sicherheitsmaßnahmen ergriffen werden. Eine effektive Maßnahme ist die Errichtung von sogenannten „Firewalls" (vgl. Abb. 6). Diese sind Rechner, die mit Hilfe von Hard- und
Softwarekomponenten die Schnittstelle zwischen lokalem Netz und Außenwelt
sichern. Dabei muß garantiert sein, daß alle Netzwerkverbindungen durch dieses
Gateway[197] laufen, denn nur so können Zugangsberechtigungen zum internen Netz
zentral überprüft und authentisiert werden. Auf diese Weise läßt sich der Zugang
von oder zu bestimmten Systemen einschränken oder gar verhindern.[198]

Firewalls können ein- oder mehrstufig angeordnet sein. Soll ein Zugriff von außen
direkt auf einzelne Rechner des internen Netzes erfolgen können, so bietet sich ein
einziger Firewall als Trennung an; soll hingegen von außen nur auf bestimmte
Dienste, nicht jedoch auf einzelne Rechner zugegriffen werden können, so sollte
das interne Netz vom externen Netz durch zwei Gateways, die dann die Firewalls
darstellen, getrennt sein. Die Dienste, die auch firmenextern genutzt werden sollen,
könnten dann in einem „Zwischennetz"[199] abgelegt werden.

---

[196] Entnommen aus Security First Network Bank , Security, im Internet: http://info.sfnb.com/se-
curity.html (Stand: 27.11.1995).
[197] Unter Gateway wird die Schnittstelle zwischen internem und externem Netz verstanden.
[198] Vgl. Bauer/Holzer/Weidner (1995), S. 67.
[199] Reif (1995a), S. 182 (Kasten).

Man unterscheidet drei Arten von Firewalls: Paketfilter (engl. „Filtering Routers"), „Circuit Level Gateways" und „Application Gateways"[200]. Diese lassen sich durch Software steuern und so kann insbesondere bei Paketfilter eine anwenderspezifische Zugangsberechtigung definiert werden.[201]

3.3.2.3 Schutz innerhalb der Bank

Sensible Daten müssen jedoch nicht nur vor unerwünschten Zugriffen von außen, sondern auch vor Mißbrauch innerhalb der Bank geschützt werden. Die Bedeutung gerade dieser Schutzmaßnahmen kann man daran erkennen, daß nach einer in der Literatur nicht näher zitierten Statistik 80% aller erfolgreichen Netzwerk-Attacken von internen Quellen kommen.[202]

Eine Verschlüsselung beim Daten*austausch* allein genügt deshalb nicht. Die innerhalb einer Bank für das Internet notwendigen Sicherheitsmaßnahmen können mit Vorkehrungen bei einem Geldtransport verglichen werden. Dabei genügt es nicht, lediglich die Daten beim Austausch zu verschlüsseln. In Analogie dazu reicht es nicht aus, nur das Geld beim Transport in einem Panzerwagen zu transportieren, wenn es anschließend in der Eingangshalle einer Bank für alle zugänglich ausgeladen würde. Das Geld muß auch nach dem Transport sicher verwahrt und vor dem Zugriff nicht autorisierter Personen geschützt werden.[203] Deshalb müssen die Daten zusätzlich zur Verschlüsselung und einem Firewall, der einen Eingriff von außen verhindern soll, auch durch eine Sicherungseinrichtung wie einem „Trusted Operating System"[204], das interne, nicht autorisierte Zugriffe durch verschiedene Maßnahmen verhindern soll, geschützt werden. Obwohl diese Sicherheitslücke bekannt ist, verfügen bislang nur sehr wenige Kreditinstitute über eine derartige Sicherung.[205]

---

[200] Eine genaue Unterscheidung dieser Firewalls findet sich bei Reif (1995a), S. 182f.
[201] Vgl. Quader, Gholam, Leiter der Entwicklung bei The Bristol Group, Gespräch im Rahmen des 3. Frankfurter Finanz Forums am 22.02.1996 in Bad Homburg, Zeit: 11:00-11:10 Uhr.
[202] Vgl. Five Paces Software (1995).
[203] Vgl. Five Paces Software (1995).
[204] Five Paces Software (1995).
[205] Vgl. Schmid (1996).

3.3.2.4 Sicherheit durch Identifizierung über das Internet

Eine Möglichkeit, den Zugang zu einem internen Netz zu kontrollieren, ist in einer sicheren Authentifizierung, einer Echtheitsprüfung, gegeben. Diese könnte z.B. durch den Einsatz von Smartcards verwirklicht werden. Daher ist es möglich, beispielsweise einen Unterschriftscode auf der Karte zu speichern, mit dem sich der Benutzer gegenüber dem System legitimieren kann. Eine andere Möglichkeit ist die Verwendung eines sogenannten „Challenge-Response"-Verfahrens. Eine sichere Identifikation eines Client bei seinem Server könnte auch erfolgen, indem er seinen Nutzernamen, sein Paßwort, seine Internet-Adresse, einen Zeitstempel[206] und ein zufällig gewähltes geheimes Paßwort mit dem vorher vom Server empfangenen öffentlichen Schlüssel verschlüsselt. Damit bleibt das Paßwort geheim und auch die Antwortdaten können wieder verschlüsselt werden.[207]

3.3.2.5 Schutz durch Ausfallsicherheit

Gerade durch den erwähnten Aufbau des Internets aus sehr vielen Teilnetzen wird die erwünschte Übertragungssicherheit gewährleistet. Dies resultiert aus der Tatsache, daß die Datenmenge in einzelne Pakete geteilt wird, die sich wiederum unabhängig voneinander den Weg durch das Netz suchen. Sollte also ein Teil des Internets aus technischen Gründen ausfallen, so ist sichergestellt, daß die Kommunikation (d.h. das Versenden der Datenpakete) über einen anderen Weg fortgeführt wird.[208]

3.3.2.6 Schutz vor Vervielfältigung der elektronischen Werte

Zusätzlich zu den Sicherheitsmaßnahmen im Hardware-Bereich müssen in Analogie zu den auf der elektronischen Geldbörse gespeicherten Werteinheiten die im Internet umlaufenden „digitalen" Gelder insbesondere vor Vervielfältigung geschützt werden. Darum wurde von verschiedenen Banken im Internet eine Codierung bzw. Numerierung der Werte eingeführt. Bei ECash z.B. bekommt die Bank vom Kunden eine Reihe von Zufallszahlen, welche die Bank „blind" mit einem

---

[206] Dieser könnte eine erneute Absendung einer aufgefangenen Nachricht verhindern.
[207] Vgl. Reif (1995a), S. 176.
[208] Vgl. Cerf (1995), S. 24ff.

Wert versieht, d.h. deren Gültigkeit sie mit ihrem privaten Schlüssel bestätigt.[209] Gleichzeitig werden deren Gegenwerte dem Kunden belastet. Bei Einreichung der elektronischen Banknoten bei einer Bank werden diese Nummern daraufhin überprüft, ob sie bereits eingereicht worden sind. Erst nach einer erfolgreichen Prüfung wird der Valutagegenwert vergütet.

3.3.2.7 Zusammenfassung

Der wesentliche Punkt der Sicherheit im Internet ist die Verschlüsselung beim Datenaustausch. Es wird erwartet, daß in absehbarer Zeit durch die Entwicklung neuer Standard-Protokolle ein sicherer Datenaustausch ermöglicht werden kann. Dabei sollte die Art und Weise, wie ein Schlüssel arbeitet, stets offengelegt und somit einer kritischen Prüfung unterzogen werden. Dadurch könnten eventuell vorhandene Schwächen eines Schlüssels aufgedeckt und behoben werden. Geschieht dies nicht und kommt es in Folge dessen zu Datenmißbrauch, so hat dies einen enormen Vertrauensverlust für das Medium Internet und im Zweifelsfall auch für die das Medium einsetzende Bank zur Konsequenz. Ergänzend dazu sind Sicherheitsmaßnahmen zu treffen, um einen Zugriff Unbefugter (externer oder interner Personen) zu intern gespeicherten Daten zu verhindern. Zur selben Zeit muß auch die Sicherheit der umlaufenden Gelder sichergestellt werden, um die Geldillusion aufrechtzuerhalten.

3.4 Praktische Umsetzungen der Anforderungen an Chipkarte und Internet

Beide Medien befinden sich, wie bereits gezeigt wurde, zur Zeit noch im Versuchsstadium. So wurde die multifunktionale Prozessorchipkarte bisher lediglich in Feldversuchen getestet. Auch das Online-Banking befindet sich wegen noch ungeklärter Randbedingungen erst am Ende der Versuchs- bzw. am Anfang der Einführungsphase. Zur Ergänzung und Veranschaulichung der zuvor dargestellten theo-

---

[209] Dabei ist es der Bank nicht möglich, die Zufallszahl zu lesen. Dies geschieht deshalb, um zu verhindern, daß die Bank bei Wiedereinreichung der „Banknoten" diese zurückverfolgen kann. Damit soll Anonymität im Zahlungsverkehr gewährleistet werden; vgl. DigiCash (1995c).

retischen Überlegungen sollen in diesem Kapitel die bisher erfolgten praktischen Umsetzungen der beiden neuen Medien dargestellt werden.

3.4.1 Die Chipkarte in Feldversuchen

Bei den die Chipkarte betreffenden Feldversuchen werden im Zahlungsverkehr insbesondere die neue Funktion der elektronischen Geldbörse getestet.

Deshalb sollen hier zwei konkrete Projekte kurz erläutert werden: das Geldkarten-Konzept des Zentralen Kreditausschusses der deutschen Banken (ZKA) als deutscher Feldversuch und das MONDEX-Konzept der National Westminster Bank Ltd. Während im Mondex-System bei einer Transaktion keinerlei Daten über die Karte erfaßt werden, erfolgt beim Projekt des ZKA die Aufzeichnung der relevanten Kartendaten.

3.4.1.1 Das Geldbörsen-Projekt des ZKA in Ravensburg

Der Feldversuch, der am 29. März begonnen hat und bisher „reibungslos läuft"[210], stellt ein offenes Mehr-Parteien-System dar, mit dem eine Fülle von Leistungen bezahlt werden kann (Multiservice). Die Verrechnung der in Anspruch genommenen Leistungen mit den auf der Karte gespeicherten Geldwerten soll über eine zentrale Verrechnungsstelle abgewickelt werden. Diese erhält die von den Händlern aggregierten Datensätze und leitet sie mit Hilfe der an sie angefügten Kennungen der einzelnen Kreditinstitute an diese weiter.[211] Auf dem Chip selbst sollen die letzten 15 Transaktionen abrufbar sein, um die Nachvollziehbarkeit zu gewährleisten.[212]

Zunächst werden die Geldbörsen, die in Deutschland den Namen „GeldKarte" tragen werden[213], an den speziellen Ladeterminals einer Bank aufgeladen. Diese Terminals könnten jedoch auch außerhalb der Bankstellen angebracht werden.[214]

Für dieses System ist kennzeichnend, daß im Vergleich mit anderen Geldbörsenprojekten zusätzlich zu den Kennungen der Kreditinstitute auch einzelne Kartennum-

---

[210] Altenhenne (1996).
[211] Vgl. Cimiotti (1995), S. 63.
[212] Vgl. Chip-Kartenprojekt (1995), S. 9.
[213] Vgl. Martin (1996), S. 34.
[214] Vgl. Chip-Kartenprojekt (1995), S. 10.

mern, Buchungsnummern und Beträge erfaßt werden.[215] Das soll es den zentralen Einrichtungen der einzelnen Bankengruppen, den „Evidenzzentralen", ermöglichen, die Schattenkonten zu führen.[216] Diese sollen Manipulationen, z.B. die Einschleusung zusätzlicher Geldmengen in den Kreislauf verhindern, aber auch eine Wiederherstellbarkeit der gespeicherten Geldwerte im Falle von Datenverlust ermöglichen.[217]

Damit sind jedoch im Vergleich zu Bargeld gewichtige Nachteile verbunden. So kann keine Übertragung ohne Einschaltung einer Bank oder eines POS-Terminals, das jedoch seinerseits wiederum über eine Bank abgerechnet wird, erfolgen. Die bei Bargeld vorhandene Anonymität ist damit unter Umständen nicht mehr gewährleistet.

Die elektronische Geldbörse des ZKA soll zum 1. September als „vorgezogene Flächeneinführung" im Großraum Hannover und zum 1. Januar in ganz Deutschland eingeführt werden. Ab 1. Januar 1998 sollen bundesweit ca. 50 - 55 Millionen ec-Karten um die GeldKarten-Funktion erweitert sein.[218]

Damit der Einsatz der GeldKarte auch im Kleingeldbereich rentabel wird, soll im Gegensatz zu electronic cash, bei dem Gebühren in Höhe von 0,3% vom Umsatz (mindestens 15 Pfennige) berechnet werden, und zum POZ (Point of Sale ohne Zahlungsgarantie, Kosten 10 Pfennige unabhängig von der Höhe der Transaktion) bei einer elektronischen GeldKarte nach dem Konzept des ZKA 0,3%, mindestens 5 Pfennige anfallen.[219] Zusätzlich werden schätzungsweise zwischen 0,5 und 0,9% des Umsatzes als Kommission für den Handel und ein individuelles Entgelt für die Zurverfügungstellung der Händlerkarte fällig.[220]

Dem Kunden entstehen bei der elektronischen GeldKarte des ZKA-Konzepts außer den Gebühren für den Ladevorgang bei Transaktionen keine Kosten. Gleichzeitig kann durch die Ladung für mehrere Zahlungsvorgänge die Gebühren für die Bu-

[215] Vgl. Hüskes, Ralf, Virtuelles Geld, in: c't, o.J., Ausgabe 4/95, S. 224f.
[216] Vgl. Martin (1996), S. 35.
[217] Vgl. Hüskes (1995), S. 224.
[218] Vgl. Altenhenne (1996).
[219] Vgl. Bartmann/Fotschki (1995), S.646.
[220] Vgl. Morschhäuser (1995), S. 24.

chungsposten gesenkt werden, denn diese fallen als Kostenfaktor zusätzlich zur Ladegebühr an.[221]

Organisatorisch wird beim Feldversuch des ZKA in Ravensburg und auch bei Einführung der GeldKarte in ganz Deutschland daran gedacht, die Einzelumsätze an eine von der Kreditwirtschaft einzurichtende Stelle weiterzuleiten, „die alle im Zusammenhang mit der Verrechnung erforderlichen Sicherheitsfunktionen übernimmt"[222].

3.4.1.2 Das Mondex-Geldbörsenprojekt in Swindon

Auch dieser Feldversuch, der im Juli 1995 begann, kann als offenes System mit mehreren Parteien und einer Vielzahl von möglichen Dienstleistungen charakterisiert werden. Die Mondex-Karte soll jedoch nicht wie das ZKA-Projekt auf die nationale Ebene beschränkt bleiben, sondern durch Konzessionierungen weltweit ausgedehnt werden.[223]

In diesem System kann dabei eine beliebige Übertragung zwischen Privatpersonen[224] und sogar über das Internet oder andere globale Netze erfolgen, sofern der Partner ebenso über eine Mondex-Karte verfügt.[225] Ermöglicht wird dies durch eine Codierung der als Zahlenketten gespeicherten Geldwerte, wobei eine digitale Unterschrift die Echtheit und Unversehrtheit der übertragenen Daten belegen kann.[226]

Die Aufladung erfolgt über die öffentlichen oder privaten Telefone der British Telecom, die über einen Chipkartenleser verfügen; ebenso ist sie an Geldautomaten möglich.[227] Sie kann dabei in mehreren verschiedenen Währungen erfolgen.[228]

---

[221] Diese Gebühr liegt bei Aufladung eigener Karten im Ermessen des ausgebenden Institutes, bei Ladung fremder soll sie jedoch höchstens DM 2,-- betragen; vgl. Chip-Kartenprojekt (1995), S. 10.

[222] Cimiotti (1995), S. 64.

[223] Vgl. o.V., Mondex, die weltweite Alternative zum Bargeld, in: geldinstitute, 26. Jahrgang, Ausgabe 9/95, S. 40 und Mondex, Franchises, im Internet: http://www.mondex.com/mondex/fran.htm (Stand: 18.01.1996).

[224] Vgl. o.V. (1995e), S. 40.

[225] Vgl. Mondex, Mondex at a glance, im Internet: http://www.mondex.com/mondex/glance.htm (Stand: 18.01.1996).

[226] Vgl. Mondex, Mondex on the Internet, im Internet: http://www.mondex.com/mondex/net.htm (Stand: 18.01.1996).

[227] Vgl. o.V. (1995e), S. 40 und Kuckelkorn, Dieter, Elektronische Geldbörse: von Großbritannien in die ganze Welt?, in: cards Karten cartes, 6. Jg., Ausgabe 1/Februar 1995, S. 22.

Um die Karte gegen unbefugte Benutzung zu sichern, ist es sowohl an den Telefo-
nen[229], aber auch mit Hilfe der elektronischen Brieftasche[230] möglich, sie zu sperren. Eine Benutzung wird dann nur gegen vorherige Eingabe einer PIN möglich.[231]
Zusätzlich sind die letzten zehn auf der Karte gespeicherten Transaktionen mit
Hilfe eines Geldautomaten[232] oder der elektronischen Brieftasche abrufbar.

Durch die darüber hinaus nicht erfolgende zentrale Aufzeichnung und Verrechnung
von Transaktionen stellt die Mondex-Karte ein dem Bargeld ähnliches Konzept
dar, das einen sehr hohen Grad an Anonymität bietet. Gleichzeitig jedoch könnte es
aber durch die Nichterfassung der einzelnen Transaktionen unter Umständen möglich sein, zusätzliches Geld in den Kreislauf einzuschleusen. Dies soll zwar mit
Hilfe eines Codes verhindert werden, doch wird derselbe Code für das gesamte
System verwendet und somit wäre, falls der Code einer Brieftasche „geknackt"
würde, das gesamte System ungeschützt.[233]

Bei diesem Konzept entstehen dem Händler keine (laufenden) Kosten, diese werden vom Kunden getragen.[234] Für die Benutzung der Karte werden dem Kunden
monatlich 1,50 £ berechnet. Um zwischen Privatpersonen einen Transfer von
Geldeinheiten durchzuführen, benötigt man jedoch zusätzlich ein Gerät in der Größe eines Taschenrechners, das ca. 20 £ kosten soll. Zur Überprüfung einer Zahlung reicht jedoch ein kleineres preisgünstiges Lesegerät aus, das als Schlüsselan-
hänger von den Banken kostenlos als Werbegeschenk zur Verfügung gestellt werden könnte.[235]

Gegenüber dem Bargeld kann die Karte dennoch einen Sicherheitsvorteil aufweisen: wird die Mondex-Karte durch den Kunden verschlossen, ist ein Zugriff auf die
gespeicherten Werteinheiten ohne die Eingabe einer PIN nicht möglich. Gleichzeitig wäre es aber durch den auf der Karte gespeicherten 16-stelligen Code beim

---

[228] Vgl. Bartmann/Fotschki (1995), S. 649.
[229] Vgl. Mondex, Mondex telephone, im Internet: http://www.mondex.com/mondex/phone.htm
(Stand: 18.01.1996).
[230] Vgl. Mondex (1996h).
[231] Vgl. o.V. (1995e), S. 40.
[232] Vgl. Mondex, Mondex ATMs, im Internet: http://www.mondex.com/mondex/atms.htm
(Stand: 18.01.1996).
[233] Vgl. Deutschman, Alan, All E-Money is not created equal, in: worth, o.J., Ausgabe Oktober
1995, S. 98.
[234] Vgl. Bartmann/Fotschki (1995), S. 649.
[235] Vgl. Kuckelkorn (1995), S. 22.

Auffinden der Karte möglich, die Karte zum rechtmäßigen Eigentümer zurückzubringen.[236]

Zugleich kann dabei eine Speicherung von Geldwerten in dieser elektronischen Brieftasche erfolgen. Dadurch bietet dieses Geldbörsensystem zusätzliche Sicherheit dergestalt, daß Geld, welches nicht unmittelbar auf der Karte benötigt wird, in der Brieftasche „zwischengespeichert" werden kann. Die Brieftasche könnte dann an einem sichereren Ort verwahrt werden und eine verzögerte Aufbuchung der Geldwerte auf die Karte ermöglichen. Damit kann der im Falle eines Diebstahls zu erbeutende Geldbetrag gesenkt werden.[237]

3.4.1.3 Weitere Geldbörsenprojekte

Weitere, entweder dem Mondex- oder dem ZKA-Konzept ähnliche Feldversuche mit einer Chipkarte mit Geldbörsenfunktion gab es in Biel/Schweiz, in Dänemark (Danmønt-Karte), Riga/Lettland (Latkarte), Belgien, Portugal und Spanien.[238]

Der österreichische Feldversuch hingegen ist inzwischen abgeschlossen und zum 1.1.1996 wurde landesweit die Chipkarte mit einer Geldbörsenfunktion eingeführt. Bei diesem Test wurden zwar keine Daten über den Karteninhaber erfaßt[239], doch ist anzunehmen, daß ein Code des kartenausgebenden Instituts der Transaktion mitgegeben wurde, um das Clearing über die Europay Austria als Zentrale bewerkstelligen zu können. Zusätzlich zur elektronischen Geldbörse konnte der Kunde weitere Anwendungen am Geldautomaten auf die Karte laden. Damit war die Anwendung auch in regionalen Einrichtungen wie z.B. Verkehrsverbunden möglich.[240]

Das Cassamat-Karten-System der Raiffeisenkasse Meran/Südtirol, das als Projekt für einen Einsatz in ganz Südtirol und später in anderen Regionen Italiens gilt, stellt als Projekt eine Besonderheit dar. Bei diesem Projekt handelt es sich um ein halbof-

---

[236] Vgl. Mondex, What about privacy?, im Internet: http://www.mondex.com/mondex/anon.htm (Stand: 18.01.1996) und Mondex, FAQs, im Internet: http://www.mondex.com/mondex/faq.htm (Stand: 18.01.1996).
[237] Vgl. Mondex (1996h).
[238] Vgl. Zellekens, Hermann-J., Die elektronische Geldbörse - eine Fata Morgana?, in: dynamik im handel, 38. Jg., Ausgabe 8/94, S. 23ff.
[239] Vgl. Zellekens (1994), S. 26.
[240] Vgl. o.V., Österreich bei Chipkarte in Vorreiterrolle, in: geldinstitute, 26. Jg., Ausgabe 9/95, S. 48.

fenes System mit beliebig vielen Händlern, jedoch mit nur einer Bank. Damit wird
für diesen Versuch keine Verrechnungsstelle außerhalb der Bank notwendig, da die
Verrechnung der Werteinheiten über die Konten der Bank erfolgt. Überdies wurden für diesen Feldversuch kontaktlose Chipkarten verwendet.[241]

Eine Geldbörsenvariante stellt die PayCard dar, die als gemeinsame Entwicklung
der Deutschen Bahn mit der Deutschen Telekom und dem Verband Deutscher
Verkehrsunternehmen im Feldversuch zur Bezahlung von Fahrausweisen und in
Kartentelefonen verwendet werden kann. Dabei wird die Karte an Kartentelefonen
mit bis zu 200 DM aufgeladen, die dann als Lastschrift dem Girokonto belastet
werden. Alternativ hierzu kann die Karte gegen Bargeld an bestimmten Fahrkar-
tenausgabestellen der Deutschen Bahn AG aufgeladen werden. Dieser Feldversuch
wird in Dresden, Hamburg, München, Stuttgart und im Rhein-Main-Gebiet statt-
finden.[242]

3.4.2 Die Umsetzungen des Internet-Bankings

Ebenso wie die Chipkarte ist das Internet-Banking noch nicht in eine Phase der
„Massenanwendung" eingetreten. Statt dessen bieten sehr viele Finanzdienstleister,
aber auch Banken Lösungen für den Zahlungsverkehr an, die sich in ihren Konzep-
ten für einen sicheren Zahlungsverkehr im Internet grundlegend unterscheiden.
Diese Konzepte, die sich in die oben vorgestellten fünf Zahlungsarten einteilen lassen, sollen in diesem Abschnitt vorgestellt werden. Abschließend soll auf die bisherige Präsenz von Banken im Internet eingegangen werden.

3.4.2.1 Zahlungssysteme im Internet

- Zahlung mit der Kreditkarte

Ein Beispiel für eine virtuelle Shopping Mall, bei der mit der Kreditkarte bezahlt
werden kann, ist das „Internet Shopping Network". Hier sind vornehmlich Hard-

---

[241] Vgl. Morschhäuser, Berthold, Langsamer Abschied vom Groschen-Geschäft?, in: cards Karten cartes, 5. Jg., Ausgabe 4/ November 94, S. 35ff und o.V., Elektronische Geldbörse in Südtirol
schon Realität, in: geldinstitute, 25. Jg., Ausgabe 9/94, S. 20.
[242] Vgl. Deutsche Telekom AG, PayCard - Telefonieren und Fahrkarten kaufen - bargeldlos-,
o.O. o.J..

und Softwareprodukte im Angebot.[243] Um in dieser Mall „einkaufen" zu gehen, ist eine Mitgliedschaft erforderlich, die jedoch kostenlos gegen Namen, Adresse und Kreditkartennummer abgegeben wird.

Das von Netscape entwickelte SEPP-Protokoll beruht ebenso wie seine Vorgänger auf der Verschlüsselung von Kreditkarteninformationen nach dem RSA-System[244]. Diese erfolgt, bevor die Informationen über das Netz weitergeleitet werden. Nach deren Entschlüsselung beim Händler erfolgt die Verifizierung der Karte und der Versand der Artikel. Abgerechnet wird über die herkömmliche Kreditkartenrechnung. Der wesentliche Nachteil dieses Systems liegt in der Notwendigkeit der Benutzung eines identischen Protokolls durch Käufer und Verkäufer.[245]

Die Firma MCI Communications Corp. verwendet ebenfalls das asymmetrische Verschlüsselungsverfahren für ihre Zwecke. Sie arbeitet an der Eröffnung der ersten sicheren WWW Shopping Mall (Stand 13.4.95)[246], bei der Kunden ihre reguläre Kreditkartennummer in ein verschlüsseltes Formular eingeben, das nur von einer Bank entschlüsselt werden kann. Zahlungen mit verschlüsselter Kreditkartennummer bietet auch der Finanzdienstleister CyberCash mit seinem sogenannten „Secure Internet Payment Service"[TMc247].

- Der Zahlungsverkehr über Verrechnungskonten oder über Coupons

Bei diesem von der First Virtual Inc. in San Diego (USA) praktizierten Zahlungsverkehrssystem ist es möglich, über ein virtuelles Konto, das als Verrechnungskonto bei der Bank geführt wird, an einer Informationsbörse teilzunehmen und dort zu kaufen oder zu verkaufen. Nach einmaliger Weitergabe der Kontoverbindung wird bei Transaktionen dann nur mehr das von First Virtual geführte Verrechnungskon-

---

[243] Vgl. Klau (1995), S. 91.

[244] Dieses asymmetrische Verschlüsselungsverfahren ist nach seinen Erfindern Rivest, Shamir und Adleman benannt; vgl. Bleuel, Jens, Online publizieren im Internet, Pfungstadt-Bensheim 1995, S. 59.

[245] Vgl. Alexander, Peter, INTERNET - Was ist das? Einsatzmöglichkeiten und Perspektiven für Geldinstitute, Vortrag auf dem 3. Frankfurter Finanz Forum am 22.02.1996 in Bad Homburg.

[246] Vgl. Strassel 1995, S. 4.

[247] Vgl. CyberCash, The Secure Internet Payment Service, im Internet: http://www.cybercash.com/cybercash/product/secure.html (Stand: 22.01.1996).

to angesprochen. Die Abrechnung erfolgt über die Kreditkarte im Falle von Käufen oder ein Scheckkonto im Falle von Verkäufen.[248]

Dabei besteht für die Kunden dieser Informationsbörse ein besonderer Vorteil. Er kann die über das Internet erstandenen Produkte zuerst überprüfen und sich versichern, ob diese seinen Bedürfnissen entsprechen. Dann erst muß die Zahlung bestätigt werden. Auch der Verkäufer ist dabei geschützt, da von den Käufern erwartet wird, daß sie dieses Privileg in gutem Glauben nutzen und bei Mißbrauch mit der umgehenden Auflösung einer Kontoverbindung gedroht wird.[249]

Auch beim Finanzdienstleister Netchex wird der Zahlungsverkehr über Verrechnungskonten abgewickelt. Doch im Unterschied zu First Virtual und NetBill steht dabei nicht die direkte Bezahlung von digitalen Informationen bei Anbietern im Vordergrund, sondern die Vornahme von Bankgeschäften wie die Tätigung von Überweisungen oder die Ausstellung von Schecks im Internet. Dabei wird jedoch das als Verrechnungskonto von Netchex geführte Konto als „Verlängerung" des realen betrachtet.[250]

Ein ebenso sicheres System stellt das von der „NetBank" entwickelte Konzept „NetCash" dar. Dabei werden als Ersatz für Bargeld „Coupons" von der NetBank gekauft, die dann zur Zahlung verwendet werden können. Statt einer Übertragung elektronischer Werte erfolgt lediglich die Weitergabe der Seriennummern der Coupons über die elektronische Post.[251]

- Scheckkonten im Internet

Die Security First Network Bank bietet dem Kunden zusätzlich zu Überweisungen die Möglichkeit, Daueraufträge einzurichten, Schecks auszustellen und das Konto

---

[248] Vgl. First Virtual (1995c).

[249] Vgl. First Virtual, FV: Payment System Summary, im Internet: http://www.fv.com/info/intro.html (Stand: 27.11.1995). Ein sehr ähnliches Konzept stellt das an der Carnegie Mellon University entwickelte „NetBill"-Konzept dar; vgl. Carnegie Mellon University, Netbill Overview, im Internet: http://www.ini.cmu.edu/netbill/publications/compcon.html#rtftoc4 (Stand: 28.12.1995).

[250] Vgl. Netchex, Security, im Internet: http://www.netchex.com/security.html (Stand: 29.12.1995).

[251] Vgl. Software Agents Inc., What Is Virtual Cash?, im Internet: http://www.teleport.com/~netcash/nvcash.html (Stand: 29.12.1995).

online zu führen. Damit ist es möglich, die bisherigen Home-Banking-Transaktionen auch im Internet weiterhin zu betreiben.

Nach der Eröffnung eines Kontos bei der Bank wird dem Kunden über normale Post ein Paßwort zugestellt, das zu Beginn zur Identifizierung eingesetzt wird. Alle weiteren sicherheitsempfindlichen Daten können über das Internet abgewickelt werden, da zwischen der Bank und dem Browser des Kunden von nun an ein sitzungsspezifischer Schlüssel ausgetauscht wird.[252] Auch der Prozeß der Vereinbarung und des Austausches findet mit einer asymmetrischen Verschlüsselung (öffentlicher Schlüssel der Bank) statt.

- Digitales Geld

Ein Konzept , das von David Chaum entwickelt wurde und von seinem Unternehmen „DigiCash" vertrieben wird, ist das sog. ECash-System. Dabei werden Zahlenketten als Bargeldersatz von Rechner zu Rechner transferiert. Gleichzeitig soll die das Bargeld kennzeichnende Anonymität gewährleistet sein, die auch den Kernpunkt des ganzen Projektes darstellt. ECash ist eine reine „Softwarelösung", d.h. es werden keine zusätzlichen Hardwareeinrichtungen wie Lesegeräte oder Karten benötigt.[253]

Um beim gegenseitigen Austausch von Daten in einem offenen Netz wie dem Internet eine möglichst hohe Sicherheit zu garantieren, wird auch hier beim verschlüsselten Austausch von Daten das asymmetrische Verschlüsselungsverfahren benutzt.[254]

Die Zwischen-„Lagerung" der Geldwerte zwischen der Abhebung bei der Bank und deren Ausgabe erfolgt dabei auf der Festplatte des Benutzers.[255] Die Menge der Geldeinheiten, die auf der Festplatte gespeichert sind, werden im Rahmen einer graphischen Benutzeroberfläche in einem Kästchen angezeigt, das benutzerspezifisch konfiguriert werden kann. Im Rahmen dieser Oberfläche sind Aus- und Ein-

---

[252] Vgl. Security First Network Bank (1995a).

[253] Vgl. Chaouli, Michel, Cyberbanking - Nach Lust und Laune in: Wirtschaftswoche, 48. Jg., Ausgabe 50/94 vom 8.12.94, S. 125.

[254] Vgl. DigiCash, DigiCash ecash - about ecash, im Internet: http://www.digicash.nl/ecash/about.html (Stand: 27.11.1995).

[255] Vgl. DigiCash, First Bank to Launch Electronic Cash, in: DigiCash News Release, Amsterdam 1995, S. 2.

zahlungen, Kreditkartenzahlungen oder Überweisungen möglich. Gleichzeitig können mit einem anderen Symbol in diesem Kästchen die letzten Transaktionen abgerufen und eine aktuelle Kreditauskunft bei der Bank eingeholt werden.[256]

Dieser Transfer von elektronischem Geld kann sowohl am POS erfolgen als auch zwischen Privatpersonen, z.B. zur Begleichung von Kleindarlehen etc.[257]

ECash kommt damit einem Bargeldkonzept schon sehr nahe. Die Bezahlung erfolgt sofort, sicher und endgültig. Die Begleichung sowohl größerer als auch kleinerer Beträge kann dabei entweder im „Cyberspace", d.h. in virtuellen Läden, erfolgen ebenso wie in der realen Welt über eine elektronische Geldbörse, auf welche die auf der Festplatte gespeicherten Werte übertragen werden können. Eine Speicherung in einer zentralen Speichereinheit erfolgt dabei nicht.[258]

Unterstützt wird DigiCash von der Mark Twain Bank, die am 23.10.1995 mit der Einrichtung von Konten begonnen hat, über die Einzahlungen und Abhebungen via Internet getätigt werden können.[259] Nach dem Ausfüllen des Eröffnungsantrages, das auch über das Internet erfolgen kann, wird dem Kontoinhaber ein Paßwort über den „normalen" Postweg zugesandt. Danach kann der Kunde die benötigte Software über das Internet auf seine Festplatte herunterladen.[260]

Auch im Bereich der Einlagensicherheit ist die Analogie zu Bargeld erkennbar. Während die Gelder auf dem World Currency Access Account bei der Mark Twain durch die Federal Deposit Insurance Corporation gedeckt sind, werden ECash-Beträge, die vom herkömmlichen Konto abgerufen und in ECash umgewandelt wurden, weder innerhalb der Bank (in der sog. „ECash Mint") noch außerhalb der Bank (auf der Festplatte des Nutzers) versichert.[261]

---

[256] Vgl. DigiCash (1995c).
[257] Vgl. DigiCash (1995b).
[258] Vgl. Deutschman (1995), S. 98.
[259] Vgl. DigiCash (1995a), S. 1.
[260] Vgl. DigiCash (1995a), S. 3; Erwähnenswert ist jedoch, daß die bisher in der Testphase eingesetzte Kunstwährung „CyberBucks" bei der Einführung durch eine reale Währung, den US-Dollar, ersetzt wurde.
[261] Vgl. Mark Twain Bank (1996b).

3.4.2.2 Banken und ihre Dienste im Internet

Bisher bieten nur sehr wenige Banken die Möglichkeit, Transaktionen im Internet vorzunehmen.

Dazu zählt die New Yorker Bank K. Aufhauser and Company Inc. mit einem Online-Dienst, dem sog. Wealth Web, das die Vornahme von Börsentransaktionen ermöglicht. Zusätzlich können dabei die Daten des kundeneigenen Portfolios und der Notierungen heruntergeladen werden.[262] Ergänzt werden diese Möglichkeiten durch Analysen und ein professionelles Trading-System.[263]

Auch Kaliforniens zweitgrößte Bank, Wells Fargo, bietet die Möglichkeit von Börsentransaktionen, aber ebenso die Führung von Konten über das Internet. Voraussetzung hierfür ist ein Online-Paßwort.[264]

Die Bank of America möchte es demnächst ihren Kunden ermöglichen, das Konto über das Internet zu verwalten, bietet aber bisher nur einen reinen Informationsdienst im Internet an. Die Erweiterung des Angebotes soll zur Jahresmitte erfolgen.[265]

Ebenso wie die amerikanischen sind auch die deutschen Banken in Bezug auf das Internet aufgrund von Sicherheitsbedenken noch sehr zurückhaltend. Deutsche Banken verweisen darauf, daß eben diese Sicherheitsaspekte sehr viel bedeuten und daß sie zwar Home-Banking via Internet anbieten werden, „aber nicht bevor die Sicherheitsprobleme geklärt sind"[266].

So bietet die Bank 24 beispielsweise Informationen zu den aktuellen Angeboten der Bank im Internet an, wickelt den Zahlungsverkehr jedoch über Telefon oder T-Online ab.[267] Als einzige Bank bietet die Dresdner Bank mit ihrer Tochter Deut-

---

[262] Vgl. Aufhauser and Company, Wealth Web, im Internet: http://www.aufhauser.com/html/faqs/demo.html (Stand: 7.12.1995).

[263] Vgl. Birkelbach (1995b), S. 390.

[264] Vgl. Birkelbach (1995b), S. 388 und Wells Fargo (1996). Im Zusammenhang mit den Problemen von Netscape mit dem SSL-Protokoll hat Wells Fargo jedoch vorübergehend seine elektronischen Schalter geschlossen; vgl. Reif (1995b), S. 26.

[265] Vgl. Bank of America, Bank of America HomeBanking (TM), im Internet: http://www.bankamerica.com/p-finance/homebanking.htm (Stand: 19.02.1996).

[266] Buchholz (1995), S. 33.

[267] Vgl. Bank 24, Willkommen bei der Bank 24, im Internet: http://www.bank24.de (Stand: 27.11.1995); Einen Überblick über die im Internet vertretenen deutschen Banken bietet: Drewes, Guido / Grichnik, Dietmar / Lewis, Stephan, Deutsche Banken im Internet, im Internet: http://www.rrz.uni-koeln.de/wiso-fak/bankseminar/links/banken.html (Stand: 2.4.1996); dort findet sich auch eine Übersicht ausländischer Banken im Internet: Drewes, Guido / Grichnik,

scher Investment-Trust wenigstens die Möglichkeit, über das Internet Vermögen zwischen einem Fondskonto und einem privaten Bezugskonto des Anlegers umzuschichten.[268]

Noch in diesem Jahr möchte jedoch auch die Hypo-Bank wie einige amerikanische Banken ein komplettes Home-Banking-Angebot über das Internet anbieten.[269]

Dietmar / Lowis, Stephan, Banking im Internet, im Internet: http://rrz.uni-koeln.de/wisofak/bankseminar/links/banking.html (Stand: 2.4.1996).

[268] Vgl. Milkau, Udo, Online-Investment-Banking und WWW bei der Dresdner Bank Investmentgruppe, Vortrag im Rahmen des 3. Frankfurter Finanz Forums am 22.02.96 in Bad Homburg und vgl. Seeger, Christoph / Palan, Dietmar, Ideale Zielgruppe, in: Wirtschaftswoche, 50. Jg., Ausgabe Nr.11 vom 7.3.1996, S. 210.

[269] Vgl. Prott, Andreas, Organisation/EDV Hypo-Bank München, Telefonat am 25.04.1996, Zeit: 11:30-11:35 Uhr, Telefon: 089/9244-4589.

4. Auswirkungen der neuen Medien auf die Gesellschaft und ihre Subsysteme

Die beiden Medien Chipkarte und Internet befinden sich im Bereich des Zahlungsverkehrs immer noch in der Testphase. Daher kann noch nicht das gesamte Spektrum der Implikationen voll erfaßt werden. In der Betrachtung möglicher Auswirkungen darf der Einfluß auf gesellschaftliche Veränderungen, die ein Umstieg auf diese neue Medien mit sich bringen kann, nicht außer Acht gelassen werden. So werden durch ihre Anwendung politische, volkswirtschaftliche und rechtliche Fragen aufgeworfen, die im Folgenden erörtert werden.

4.1 Die Auswirkungen der Chipkarte auf die Gesellschaft

4.1.1 Politische Fragestellungen

Bei der Betrachtung der Chipkarte spielt die Anwendung „elektronische Geldbörse" eine große Rolle, denn bei ihr handelt es sich um eine bisher nicht in dieser Weise eingesetzte Technik. Sie soll in einem offenen System mit vielen Vertragspartnern eingesetzt werden. Die Ausgestaltung der Anwendungen ist dabei keineswegs problemlos. Eine zentrale Frage ist deshalb in diesem Zusammenhang, wie hoch das Gut Anonymität im Zahlungsverkehr eingeschätzt wird. Während die Frage bei Bargeld unproblematisch ist, muß jetzt geklärt werden, ob die Anonymität zugunsten von mehr Sicherheit „geopfert" werden soll. Entscheidet man sich zugunsten der Sicherheit, so besteht die Gefahr der Sammlung von persönlichen Daten. Durch die in den Transaktionsdetails enthaltenen Informationen läßt sich dabei ein Bewegungsbild des jeweiligen Kartennutzers erstellen. Um der Gefahr einer Entwicklung zum sogenannten „gläsernen Menschen" entgegenzutreten, erscheint es notwendig, die Vertraulichkeit der Daten in diesem Bereich zu gewährleisten. Nur dann, wenn die Anonymität wie bei Bargeld Rückschlüsse auf das Kaufverhalten unterbindet, kann die elektronische Geldbörse als Bargeldersatz dienen.[270]

---

[270] Vgl. Bartmann/Fotschki (1995), S. 644f.

4.1.2 Volkswirtschaftliche Fragestellungen

Im Zusammenhang mit der Einführung der elektronischen Geldbörse bzw. der Prepaid-Karte und der damit verbundenen Substitution von Bargeld muß untersucht werden, welche Auswirkungen sich für die Geldpolitik der Deutschen Bundesbank ergeben.

Für die Sicherstellung der Funktionsfähigkeit einer Geldpolitik ergeben sich folglich drei verschiedene Möglichkeiten:

a) die Ausgabe von elektronischem Geld erfolgt durch die Bundesbank

b) die Ausgabe erfolgt durch die Unternehmen der ehemaligen Deutschen Bundespost oder einen Verkehrsverbund

c) die Ausgabe erfolgt kontrolliert durch die Geschäftsbanken

Bei einer Ausgabe durch die Bundesbank würden sich die Geschäftsbanken das elektronische Geld analog dem Bargeld beschaffen. Das lediglich in einer anderen Form vorliegende Geld entspräche dem heutigen Bargeld und wäre diesem gleichgestellt. Damit kommt es zu keiner grundlegenden Veränderung in der prinzipiellen Struktur der Geldpolitik; es erfolgte lediglich eine Aufteilung des heutigen Bargeldes in Bargeld und elektronisches Geld.

Wird das elektronische Geld jedoch von Postunternehmen oder Verkehrsverbunden herausgegeben, so substituiert es die bisherigen Wertmarken. Damit aber ist es kein Tauschmittel oder ein allgemein anerkanntes Zahlungsmittel, sondern lediglich eine Werteinheit und deshalb kein absoluter Ersatz für das Bargeld.

Der zum jetzigen Zeitpunkt der Projekte geplanten Vorgehensweise entspricht die Herausgabe von elektronischem Geld durch die Geschäftsbanken ähnlich den giralen Zahlungsmitteln. Die Ausgabe könnte dann z.B. an bankeigenen Automaten erfolgen. Damit wäre eine Veränderung der Nachfrage der Geschäftsbanken nach

Zentralbankgeld verbunden, wenn die Bundesbank dieses elektronische Geld nicht z.B. mit einer Mindestreserveverpflichtung von 100% belegen würde.[271]

Einer Empfehlung des Rates des Europäischen Währungsinstitutes folgend, sollen vorbezahlte Karten nur von Kreditinstituten ausgegeben werden, da diese „am besten die an die Sicherheit derartiger Kartensysteme zu stellende Anforderungen hinsichtlich Bonität und Liquidität der Kartenemittenten, der Zuverlässigkeit der eingesetzten Technik und der Fälschungssicherheit"[272] erfüllen. Des Weiteren unterliegen nur Banken den Liquiditäts- und Bonitätsstandards der Bankenaufsicht und nehmen an Einlagensicherungseinrichtungen teil.[273]

Die volkswirtschaftliche Gefahr bei einer ungedeckten Ausgabe der elektronischen Werte bestünde darin, daß die noch nicht verbrauchten Einheiten Gegenstand einer „unkontrollierten Geld- und Kreditexpansion werden"[274]. Damit wären gleichzeitig die Einlagen und die Seriosität des Systems gefährdet, woraus eine Schwächung der Geldillusion[275] resultieren könnte.

Ebenso wie auf die Geldpolitik der Deutschen Bundesbank könnte die Einführung der Chipkarte im Zahlungsverkehr Auswirkungen auf den Geldumlauf haben und seine Akzeleration bewirken. Nach der aus der Neo-Quantitätstheorie hergeleiteten Geldverkehrsgleichung könnte eine Steigerung bei gleichzeitiger Konstanz des realen Güterangebots und der Geldmenge eine Erhöhung des Preisniveaus nach sich ziehen.[276] Da in der Regel damit nachteilige ökonomische und soziale Folgen verknüpft sind, ist sie nicht oder nur in geringem Maße erwünscht.

---

[271] Vgl. Frank, Gertraud, Neuere Entwicklungen im elektronischen Zahlungsverkehr, Frankfurt 1990, S. 82ff.

[272] Meister, Edgar, Der europäische Binnenmarkt für Finanzdienstleistungen (Vortrag im Rahmen eines Europaseminars), Frankfurt am Main, 3. Februar 1995; zitiert in: c't, o.J., Ausgabe 4/95, S. 225.

[273] Auch beim Feldversuch des ZKA in Ravensburg / Weingarten erfolgt die Ausgabe der Karten und deren Ladung ausschließlich durch Kreditinstitute. Eine Aufladung direkt an den Händlerterminals ist dabei nicht möglich; vgl. Chip-Kartenprojekt (1995), S. 10 und Altenhenne (1996).

[274] Zellekens, Hermann-J., Die elektronische Geldbörse - eine Fata Morgana?, in: dynamik im handel, 38. Jg., Ausgabe 8/94, S. 24.

[275] Hinter diesem bekannten Phänomen steht das Vertrauen in die vom Staat geschaffene und abgesicherte Geldordnung; vgl. Gabler Wirtschafts-Lexikon (1988), Bd. G-K, Sp. 1992f.

[276] Diese Gleichung definiert sich als die Entsprechung des Produkts aus Geldmenge und Umlaufgeschwindigkeit mit dem Produkt aus realem Güterangebot und Preisniveau; vgl. Hardes, Heinz-Dieter / Rahmeyer, Fritz / Schmid, Alfons, Volkswirtschaftslehre, 17. Auflage, Tübingen

Eine Veränderung der Umlaufgeschwindigkeit wiederum könnte aus einer höheren Transaktionsgeschwindigkeit oder einer Verschiebung von niedrigverzinslichen zu höherverzinslichen Aktiva resultieren.

Durch die erste Möglichkeit erhöht sich die Zahl der durchführbaren Transaktionen. Da gleichzeitig die Transaktionskosten sinken, verändert sich nach Baumol und Tobin das gewählte optimale Bündel von Bargeld und Anleihen. Damit ist in den USA auch eine Veränderung der Umlaufgeschwindigkeit verbunden, da das dort zur Geldmengensteuerung verwendete Konzept lediglich Bargeld umfaßt. In Deutschland hingegen ist dieses Konzept weiter gefaßt und schließt neben dem Bargeld eine größere Menge an Aktiva ein.[277] Eine Veränderung der Umlaufgeschwindigkeit ist deshalb in Deutschland nicht zu erwarten.

Durch die mit einer potentiellen Substitution des Bargelds durch eine elektronische Geldbörse verbundene geringere Geldhaltung könnte sich eine Verschiebung von niedrigverzinslichen Aktiva zu höherverzinslichen Aktiva und damit wiederum eine Veränderung der Umlaufgeschwindigkeit ergeben. Wie jedoch Berechnungen zeigen, ist eine Veränderung der Umlaufgeschwindigkeit der gesamten Geldmenge dann zu erwarten, wenn die mit der spezifischen Umlaufgeschwindigkeit gewichteten Mengen von bestimmten Aktiva, die eine Teilmenge der gesamten Geldmenge darstellen, nicht dem veränderten Bedarf angepaßt werden. Durch die Substitution von niedrigverzinslichen zu höherverzinslichen Aktiva kommt es innerhalb der Geldmenge M3 aufgrund der veränderten Anteile zu einer Veränderung der Umlaufgeschwindigkeit.[278] Damit diese Steigerung ohne Wirkung für das Preisniveau bleibt, muß dazu die Geldmenge entsprechend angepaßt werden. Für die elektronische Geldbörse bedeutet dies, daß die Menge des Bargeldes gemeinsam mit der Menge elektronischen Geldes so angepaßt werden muß, daß die Geldmenge insgesamt stabil bleibt.

1990, S. 118.
[277] Die dazu verwendete Geldmenge M3 setzt sich zusammen aus Bargeld, Sicht- und Termin- und Spareinlagen mit gesetzlicher Kündigungsfrist bei Kreditinstituten; vgl. Diepen/Sauter (1989), S. 297.
[278] Vgl. Frank (1990), S. 100ff.

4.1.3 Rechtliche Fragestellungen

Im Gegensatz zur ec-Magnetstreifenkarte, mit der eine Scheckgarantie verknüpft ist und die Bedienung von Kundenterminals oder die Vornahme von Zahlungen über electronic cash möglich ist, werden mit der Chipkarte erstmals auch Anwendungen außerhalb des Zahlungsverkehrs realisierbar. So können mit der Chipkarte weitere Dienste der kartenausgebenden Bank oder auch anderer Anbieter integriert werden. Die Aufgabe der Bank würde sich dann auf die „Bereitstellung der Karte als Trägermedium" reduzieren. Dies entspräche einem Wandel des Rechtsverhältnisses zwischen der Bank als Kartenausgeber und Anbieter von Dienstleistungen und dem Kunden als Karteninhaber.

Während sich so der Benutzer einer Karte bisher „in den Kundenbedingungen des kartenausgebenden Institutes" bewegte, scheint diese Rechtslage in Zukunft fraglich. Eine denkbare Lösung wäre in der Annahme zu suchen, daß es sich auch bei zusätzlich „angebotenen Leistungen im Rechtsverhältnis zum Karteninhaber immer um eine Leistung seiner kartenausgebenden Bank handelt"[279]. Die Zahlungsverkehrsfunktionen würden dann als „Kernanwendung einer bankemittierten Chipkarte"[280] fungieren.

4.2 Die Auswirkungen des Internets auf die Gesellschaft

Beim Internet-Zahlungsverkehr sind Probleme und Schwierigkeiten denkbar, die wesentlich in der Globalität des Einsatzspektrums begründet liegen.

4.2.1 Politische Fragestellungen

Im Zusammenhang mit den Versuchen der Firma CompuServe, manche Internet-Adressen für den Zugriff in Deutschland zu sperren[281], stellt sich die Frage,

---

[279] Cimiotti (1995), S. 65.
[280] Martin (1996), S. 36.
[281] Vgl. Bischoff, Roland, Zensur zwecklos, in: PC-Welt, o.J., Ausgabe 3/96, S. 56.

inwiefern davon der Zahlungsverkehr betroffen sein könnte. Dieser könnte insofern betroffen sein, als die dabei zu übertragenden Daten verschlüsselt werden müssen. Gleichzeitig wird jedoch vom Netzzugangsbetreiber eine Kontrolle über die angebotenen Inhalte und damit auch über die verschlüsselten Zahlungsverkehrsdaten eingefordert.[282] Dabei ist jedoch problematisch, daß im Gegensatz zu bisherigen Ausnahmen, die gesetzlich fixiert sind[283], diese vom technischen Standpunkt aus nicht mehr oder nur noch unter größten Aufwendungen mitgelesen werden können. Dieser Vorgang könnte jedoch manchmal, z.B. in den für den herkömmlichen Datenaustausch gesetzlich definierten Ausnahmen, durchaus wünschenswert sein. Um dieses zu ermöglichen, könnte der Verschlüsselungscode bei einer „vertrauenswürdigen Instanz"[284] hinterlegt werden, die unter bestimmten Bedingungen z.B. nach einem richterlichen Beschluß staatlichen Stellen einen „Nachschlüssel" verschafft, der eine Decodierung ermöglicht.

Auch durch ein Verbot der freien Verwendung der Kryptographie, wie es z.B. in Frankreich existiert[285], kann es keine Garantie der Überwachungsmöglichkeit für die staatlichen Stellen geben. Dies resultiert aus der Tatsache, daß die Betroffenen im Falle eines Verdachts auf einem sicheren Weg einen gemeinsamen Code austauschen könnten.[286] Dieser könnte dann den bisherigen Schlüssel ersetzen oder in Ergänzung zu diesem angewandt werden.[287]

4.2.2 Volkswirtschaftliche Fragestellungen

Die bestimmende Rolle der Banken in der Volkswirtschaft könnte sich deswegen ändern, weil im Zusammenhang mit der Vornahme von Zahlungsverkehrsdienstleistungen im Internet verstärkt neue Konkurrenten in

---

[282] Zur Problematik der Verantwortung für die Datenübertragung vgl. Dworschak, Manfred, Netzbeschmutzer ausgeklinkt, in: Die Zeit Dossier, 51. Jg., Ausgabe Nr. 4 vom 19.01.1996, S. 16 und Kunze, Michael, Das Netz, der Müll und der Tod, in: c't, Ausgabe 9/95, S. 144.
[283] §100 StPO oder Art. 10 GG.
[284] Wigand (1991), S. 90.
[285] Vgl. Fox, Dirk, Krypto-Neid, in: c't, o.J., Ausgabe 6/95, S. 46.
[286] Vgl. Wigand (1991), S. 89f.
[287] Vgl. Fulda, Hendrik, Sicherheit im Internet - Streitgespräch, 3. Frankfurter Finanz Forum am 22.02.1996 in Bad Homburg.

Gestalt der Finanzdienstleister auftreten. Die Situation der Kreditinstitute wird noch dadurch erschwert, daß sie selbst bisher nur schwach im Internet vertreten sind. So sind bestimmte Dienste wie etwa die Bezahlung mit digitalem Geld derzeit möglich, ohne eine Bank einzuschalten. Auf Seiten der Kreditinstitute wächst das Bewußtsein über den beschriebenen Handlungsbedarf, so daß ein verstärkter Wettbewerb um dieses Marktsegment (bzw. diesen Vertriebsweg) zu erwarten ist.[288]

Des weiteren besteht eine Gefährdung der Sicherheit der eingelegten Gelder insofern, als sogenannte virtuelle Internet-Banken, die echtes Geld gegen elektronische Banknoten zur Bezahlung im Internet wechseln, ohne jede Zulassungsregulierung und Mengenbegrenzung Banknoten ausgeben könnten. Damit könnte unter Umständen der Fall eintreten, daß zu viele elektronische Banknoten ausgegeben und diese damit nicht mehr komplett durch reales Geld gedeckt wären. Im Falle einer Krise könnte es dann zu einem Bankkonkurs von gewaltigen Ausmaßen („traumatic proportions"[289]) kommen. Dies hätte einen Vertrauensverlust für jede im Internet präsente Bank und möglicherweise für das Kreditgewerbe insgesamt zur Folge und der damit verbundene Handel käme zum Erliegen. Das Szenario kann nur durch Integration der innovativen Sicherheitstechnologien im Netz in das bestehende System, das Sicherheit und Werthaltigkeit garantiert, vermieden werden.[290]

Zum Schutz der Kunden vor etwaigen Risiken wacht in Deutschland eine Aufsichtsbehörde über die Einhaltung gewisser Regeln im Zahlungsverkehr. Es stellt sich nun die Frage, inwieweit die Notwendigkeit gegeben ist, daß eine solche Institution auch für den Zahlungsverkehr im Internet zuständig wäre.[291]

---

[288] Vgl. Cortese, Amy / Holland, Kelley, What's the Color of Cybermoney?, in: BusinessWeek, o.J., Ausgabe vom 27.02.95, S. 37.

[289] Kling (1995).

[290] Vgl. Kling (1995).

[291] Diese Frage war Gegenstand einer Anhörung des „House Banking Committee" des US-Repräsentantenhauses im Juli 1995, zu der Vertreter von Kreditkartengesellschaften, Softwareunternehmen und Internet-Zahlungsverkehrsdienstleister geladen waren. Dabei wurde kontrovers darüber diskutiert, ob eine Regulierung von Seiten des Staates erfolgen müsse; vgl. Kutler, Jeffrey, Sparks Fly on Electronic Money, in: American Banker, o.J., Ausgabe vom 4.8.95, S. 14 und DigiCash, DigiCash publications - David Chaum's testimony for US House of Representatives, im Internet: http://www.digicash.com/publish/testimony.html (Stand: 18.12.95).

Nach der grundsätzlichen Klärung des Bedarfs einer derartigen Kontrollinstanz müßte zusätzlich festgelegt werden, welchen Kompetenzbereich eine zu bildende Institution hätte und welche Instrumente ihr zur Verfügung stünden.

4.2.3 Rechtliche Fragestellungen

Wegen der Globalität der Netze stellt sich die grundsätzliche Frage, welches nationale Recht, d.h. welcher Rechtsbereich im Internet bei Streitfragen überhaupt anwendbar ist.[292] Denkbar wäre als Gerichtssitz den Ort zu wählen, an dem sich der Kunde gerade befindet oder das Recht des Landes anzuwenden, in dem der Vertragspartner seinen Rechner oder WWW-Server plaziert hat. Diese Frage ist von grundsätzlicher Bedeutung und wegweisend für die Klärung aller weiteren juristischen Fragestellungen in diesem Zusammenhang.

Zu den prinzipiellen rechtlichen Problemen in einem globalen Netz gehört ebenso die Frage, zu welchem Zeitpunkt ein Vertrag rechtswirksam geschlossen wurde. Während dieses für den Bezug elektronischer Dienste, bei denen eine Lieferung sofort erfolgt, kein Problem darstellt, da „mit der Inanspruchnahme der Leistung ein Vertrag geschlossen"[293] wird, ergibt sich bei nicht sofort erfolgender Lieferung eine andere Sachlage. So könnte in Analogie zur „Invitatio ad offerendum"[294] allein die Präsentation im WWW noch kein Angebot darstellen. Damit wäre noch keine rechtliche Bindung erfolgt und der Vertrag käme erst mit der Bestätigung des Anbieters oder der Lieferung zustande.

Werden rechtskräftige Geschäfte über das Internet abgeschlossen, kann es unter Umständen wünschenswert sein, auch die Allgemeinen Geschäftsbedingungen zu berücksichtigen. Nach deutschem Recht (§2 AGB-Gesetz) werden die

---

[292] Das Internet ist in 140 Ländern mit vielen unterschiedlichen Gesetzgebungen erreichbar; vgl. Fey, Jürgen / Hüskes, Ralf / Kossel, Axel, Kommerzfalle Internet, in: c't, o.J., Ausgabe 9/95, S. 142.

[293] Schneider, Michael, Elektronischer Handel im World Wide Web aus juristischer Sicht, in: Computerwoche, 22. Jg., Ausgabe 8 vom 24.2.1995, S. 69.

[294] Unter Invitatio ad offerendum wird eine Aufforderung zur Abgabe eines Angebots verstanden. Diese stellt somit eine Aufforderung an andere Personen dar, ihrerseits ein Angebot zu machen. Damit ist das WWW in Analogie zu einem Schaufenster oder einem Katalog zu sehen; vgl. Brox, Hans, Allgemeiner Teil des Bürgerlichen Gesetzbuchs, 15. Aufl., Köln-Berlin-Bonn-München 1991, S. 88.

vorformulierten Klauseln nur dann Vertragsbestandteil, wenn der Verkäufer bei Vertragsabschluß ausdrücklich auf sie verweist. Wird der Käufer jedoch erst bei Zusendung der Rechnung von der Existenz der AGB in Kenntnis gesetzt, so werden diese nicht Vertragsbestandteil. Auch im Internet müßte deshalb der Kunde vor Vertragsschluß über die AGB des Verkäufers informiert werden. Die Umsetzung dieser Information könnte auf jeder Internet-Seite getrennt erfolgen. Eine andere Möglichkeit wäre es, den Interessenten über eigene AGB-Seiten zu leiten, bevor dieser die Möglichkeit hat, etwas zu bestellen. Diese Variante wird bereits von einigen Anbietern praktiziert.[295]

Bisher ungeklärt, doch für die Anwendung im Zahlungsverkehr wegen der unter Umständen hohen Transaktionssummen nicht unerheblich, ist hingegen die Frage der Haftung, falls ein zur Datenübertragung verwendeter Code entschlüsselt werden oder durch Virenbefall Schaden entstehen sollte. Dieses Problem könnte sich ohne seine zufriedenstellende Klärung als enormes Hindernis für die Einführung des Internet-Banking erweisen.[296]

Ein weiteres juristisches Problem stellt sich im Zusammenhang mit der Frage, ob Teilzahlungsgeschäften im Internet möglich sind. Diese könnten im Gegensatz zu anderen Formen des Teleshoppings aufgrund des tatsächlichen Vorliegens eines Verkaufsprospekts gegeben sein.[297]

Auch die Zahlungsvorgänge selbst könnten wegen der Schnelligkeit, mit der eine „folgenreiche Verpflichtung"[298] nach einem Bummel in den WWW-Seiten eingegangen werden kann, und der damit verbundenen Gefahren juristisch problematisch sein. „Unter dem Gesichtspunkt des Verbraucherschutzes"[299] wird deshalb die Unterwerfung der Internet-Geschäfte unter das Haustürwiderrufsgesetz gefordert. Da aber der Handel im Internet nach der gegenwärtigen Rechtslage nicht

---

[295] Vgl. Schneider (1995), S. 69f.
[296] Vgl. Seeger (1996), S. 213.
[297] Vgl. Schneider (1995), S. 70.
[298] Schneider (1995), S. 70.
[299] Schneider (1995), S. 70.

unter die in §1 HWiG aufgeführten Fallgruppen subsumiert werden kann, ist dieses Gesetz derzeit nicht anwendbar.[300]

Ein eher innerbetriebliches Problem mit rechtlichen Konsequenzen stellt die eigenmächtige Kontaktaufnahme (Aussagen oder Angebote) einzelner Mitarbeiter eines Unternehmens mit Nachfragern außerhalb der Unternehmung dar. Da diese als Vertreter ohne Vertretungsmacht handeln, könnte diese im Zusammenhang mit einer Verknüpfung des internen mit dem externen Netz sicherlich gegebene Möglichkeit jedoch insbesondere im Wettbewerbsrecht zu durchaus unerfreulichen Konsequenzen führen, da unter Umständen das Unternehmen selbst für die von seinen Mitarbeitern im Internet verbreiteten Inhalte einstehen muß.[301]

Ebenso ungeklärt ist die Rechtslage für eine digitale Unterschrift, die die Identifizierung des Absenders ermöglichen soll. In Deutschland sowie in vielen anderen Ländern ist ihre Rechtskraft derzeit noch nicht geregelt.[302]

Es besteht also Handlungsbedarf, Rahmenbedingungen auch in Deutschland zu schaffen bzw. zu ergänzen. Zur Unterstützung der technischen Entwicklungen, aber auch für die Zukunft und Funktionsfähigkeit des Mediums Internet besteht folglich Handlungsbedarf insofern, als nationale wie auch internationale juristische Rahmenbedingungen zu schaffen sind.

---

[300] Vgl. Schneider (1995), S. 70.
[301] Vgl. Schneider (1995), S. 70.
[302] Vgl. Fox, Dirk, Krypto-Neid, in: c't, o.J., Ausgabe 6/95, S. 46.

5. Zusammenfassung und Ausblick

Wie gezeigt wurde, unterstützen die neuen Medien Internet und Chipkarte das Ziel der Senkung von Kosten und der Reduzierung kostenintensiver Tätigkeiten, bieten aber auch jeweils vielversprechende Ansatzpunkte, den gestiegenen Anforderungen der Kunden durch neue Benutzermöglichkeiten gerecht zu werden. Dies erfolgt nicht zuletzt durch eine Verschiebung der Tätigkeiten in Richtung Selbstbedienung. Im Bereich der Chipkarte sind hier vor allem die Tätigung von Bankgeschäften an Bankterminals und am Point of Sale zu nennen. Dabei wird es aufgrund der höheren Kapazität und Leistungsfähigkeit der Chipkarte und verbesserter Sicherheitsvorkehrungen möglich, eine größere Zahl an Anwendungen vorzusehen, die zunehmend ohne direkte Leitungsverbindung zur Bank in Anspruch genommen werden können.

Das Internet-Banking, das als Fortführung des Home-Banking-Angebotes zu betrachten ist, unterstützt diese Möglichkeiten der Selbstbedienung. Dabei sind Banken, wenn Sicherheitsprobleme technisch ausgeräumt sind, mit einem geringen Aufwand über das Internet global erreichbar und ermöglichen so den Teilnehmern an einer Vielzahl von Netzen die Inanspruchnahme der Bankdienstleistungen, wobei diese im Gegensatz zu Bildschirmtext interaktiv erfolgen kann und damit ein hohes Maß an Benutzerfreundlichkeit aufweisen. Dieses Angebot wird durch den hohen Grad an Automation kostengünstig zu erstellen sein.

Auch eine Verknüpfung beider neuer Medien ist möglich. Durch die Generation von Zufallszahlen durch die Chipkarte, die sich nicht an Systemdaten orientieren, kann eine wirklich sichere Übertragung erreicht werden. Ebenso ermöglicht die Chipkarte eine sichere Identifikation über das Netz. Gleichzeitig könnte aber auch das Internet die Anwendung der Chipkarte unterstützen, indem es eine Übertragung von Werteinheiten, die dann auf der Chipkarte gespeichert und über sie auch weitergegeben werden, ermöglicht.

Dennoch wird der aktuellen Kostenentwicklung allein durch diese neuen Medien nicht entgegengewirkt werden können. Vielmehr ist eine zukünftige Drei-Teilung der Banken und ihrer Vertriebswege wahrscheinlich.[303] Dabei werden sich möglicherweise ein hochautomatisierter Bankbereich, ein Bereich für einfachere Dienstleistungen und ein Bereich für den beratungsintensiven, persönlichen Kundenkontakt unterscheiden lassen. Beide hier untersuchten Medien werden im Rahmen der Selbstbedienung dann bei einem automatisierten Bankbereich zu finden sein.

Ebenso in diesen Bereich einzuordnen wäre eine zunehmende aktive Unterstützung der Selbstbedienung durch Computer. Darunter würde dann auch eine in ihren Möglichkeiten heute erst ansatzweise erkennbare „Virtual Reality" zu subsumieren sein. Nach heutigem Stand der Technik ließe sich dabei z.B. eine virtuelle Besichtigung von Bauobjekten vornehmen lassen.[304] vornehmen. Spekulationen über die künftige Einsatzmöglichkeiten gehen jedoch weit darüber hinaus.[305]

Während in dieser Techniksparte durch die hohe Automation die Kosten eher niedrig sein werden, werden dem Kunden bei Inanspruchnahme der anderen Bereiche höhere Kosten angelastet werden.

Ob bei dieser Dreiteilung der Bank jedoch eine Ausgliederung von Teileinheiten auf Tochterunternehmen erfolgt oder innerhalb einer Bank durch Bildung von (streng getrennten) Geschäftsbereichen, sei hier dahingestellt.[306]

Am Ende dieses Entwicklungsprozesses könnte dann die „virtuelle Bank" stehen, die dadurch gekennzeichnet werden kann, daß die Kommunikation zwischen Bank und Kunde lediglich über Datennetze, nicht mehr jedoch über das herkömmliche Filialnetz erfolgt. Diese wird dann zwar ihre Haupttätigkeit weniger in einer manuellen Abwicklung des Zahlungsverkehrs, sondern in einer verstärkten Anbietung von Beratungsleistungen haben. Es ist daher unwahrscheinlich, daß Banken in toto überflüssig werden.

---

[303] Vgl. dazu Betsch, Oskar, Neustrukturierung der Vertriebswege für Bankdienstleistungen - Bleiben die Banken im Spiel, Vortrag im Rahmen des 3. Frankfurter Finanz Forums am 22.02.1996 in Bad Homburg und Schuster (1995), S. 921.
[304] Vgl. Wawrzinek, Stephan, Virtual Reality - neue reale künstliche Welten, in: Betriebswirtschaftliche Blätter, 44. Jg., Ausgabe 5/95, S. 245f.
[305] Vgl. Titschack, Ingo, Virtureal gesehen, in: Betriebswirtschaftliche Blätter, 44. Jg., Ausgabe 5/95, S. 246.
[306] Vgl. Betsch (1996).

Gesprächsverzeichnis

(in alphabetischer Reihenfolge der Gesprächspartner)

Altenhenne, Klaus R., Projektgeschäftsführer Chip-KartenProjekt 'Geldkarte' Ravensburg/Weingarten.

 Telefonat am 02.04.1996, Zeit: 8:55-9:05 Uhr; Telefon: 0751/409148 [Altenhenne (1996)].

Fulda, Hendrik, Sprecher des Chaos Computer Club e.V..

 Gespräch im Rahmen des 3. Frankfurter Finanz Forums am 22.02.1996 in Bad Homburg, Zeit: 17:00 - 17:20 Uhr [Fulda (1996a)].

Prott, Andreas, Organisation/EDV Hypo-Bank München.

 Telefonat am 25.04.1996, Zeit: 11:30-11:35 Uhr; Telefon: 089/9244-4589 [Prott (1996)].

Quader, Gholam, Leiter der Entwicklung bei The Bristol Group.

 Gespräch im Rahmen des 3. Frankfurter Finanz Forums am 22.02.1996 in Bad Homburg, Zeit: 11:00-11:10 Uhr [Quader (1996)].

Schmid, Donatus, Sun Microsystems.

 Gespräch im Rahmen des 3. Frankfurter Finanz Forums am 22.02.1996 in Bad Homburg, Zeit: 17:00-17:20 Uhr [Schmid (1996)].

Literaturverzeichnis

Albers, Willi (Hrsg.), Handwörterbuch der Wirtschaftswissenschaft, Stuttgart-New
York-Tübingen-Göttingen-Zürich 1982 [Albers (1982)].

Alexander, Peter, INTERNET - Was ist das? Einsatzmöglichkeiten und
Perspektiven für Geldinstitute, Vortrag auf dem 3. Frankfurter Finanz
Forum am 22.02.1996 in Bad Homburg [Alexander (1996)].

Aufhauser and Company, Wealth Web, im Internet:
http://www.aufhauser.com/html/faqs/demo.html (Stand: 7.12.1995)
[Aufhauser (1995)].

Bank 24, Willkommen bei der Bank 24, im Internet: http://www.bank24.de (Stand:
27.11.1995) [Bank24 (1995)].

Bank of America, Bank of America HomeBanking (TM), im Internet:
http://www.bankamerica.com/p-finance/homebanking.htm (Stand:
19.02.1996) [Bank of America (1996)].

Bank24, Aktuelle Konditionen, im Internet:
http://www.bank24.de/g.konditionen.html (27.11.1995) [Bank24 (1995b)].

Bartmann, Dieter / Fotschki, Christiane, Elektronische Geldbörse - nützliche
Innovation oder technischer Gag?, in: Die Bank, o.J., Ausgabe 11/95,
S. 644-649 [Bartmann/Fotschki (1995)].

Bauer, Alfred / Holzer, Jan / Weidner, Klaus, Firewalls und Codierung: Hohe
Hürden für ungebetene Besucher, in: Computerwoche, o.J., Ausgabe Nr. 8
vom 24. Februar 1995, S. 66-68 [Bauer/Holzer/Weidner (1995)].

Betsch, Oskar, Neustrukturierung der Vertriebswege für Bankdienstleistungen -
Bleiben die Banken im Spiel, Vortrag im Rahmen des 3. FrankfurterFinanz
Forums am 22.02.1996 in Bad Homburg [Betsch (1996)].

Beutelspacher, Albrecht, Kryptologie, 3. Auflage, Braunschweig-Wiesbaden 1992
[Beutelspacher (1992)].

Birkelbach, Jörg, Financial Services im Internet, in: Die Bank, o.J., Ausgabe 7/95, S. 388-393 [Birkelbach (1995b)].

Birkelbach, Jörg, Geschäfte mit der virtuellen Bank - Homebanking, in: Bank Magazin, o.J., Ausgabe 3/95, S. 52-56 [Birkelbach (1995a)].

Birkelbach, Jörg, Jenseits von Raum und Zeit: Internetbanking - Bankgeschäfte auf dem sechsten Kontinent, in: geldinstitute, 26. Jahrgang, Ausgabe 9/95, S. 18-26 [Birkelbach (1995c)].

Bischoff, Roland, Zensur zwecklos, in: PC-Welt, o.J., Ausgabe 3/96, S. 56-58 [Bischoff (1996)].

Bleuel, Jens, Online publizieren im Internet, Pfungstadt-Bensheim 1995 [Bleuel (1995)].

Böndel, Burkhard, Hase und Igel, in: Wirtschaftswoche, 48. Jahrgang, Ausgabe 40/94 vom 30.9.1994, S. 126-130 [Böndel (1994)].

Borchert, Jörg, Die Chipkarte zwischen Innovation und Zahlungskultur, in: cards Karten cartes, 6. Jahrgang, Ausgabe 3/August 1995, S. 22-26 [Borchert (1995)].

Brox, Hans, Allgemeiner Teil des Bürgerlichen Gesetzbuchs, 15. Auflage, Köln-Berlin-Bonn-München 1991 [Brox (1991)].

Buchholz, Angelika, Auf den fahrenden Zug springen - die Banken, das Internet und die Sicherheitsprobleme, in: Süddeutsche Zeitung, 51. Jahrgang, Ausgabe Nr.231 vom 7./8.10.1995, S. 33 [Buchholz (1995)].

Büschgen, Hans E., Zahlungsverkehr, nationaler und internationaler, in: Albers, Willi (Hrsg.), Handwörterbuch der Wirtschaftswissenschaft, Stuttgart-New York-Tübingen-Göttingen-Zürich 1982, S. 568-582 [Büschgen (1982)].

Carnegie Mellon University, Netbill Overview, im Internet: http://www.ini.cmu.edu/netbill/publications/compcon.html#rtftoc4 (Stand:28.12.1995) [Carnegie Mellon University (1995)].

Cerf, Vinton G., Netztechnik in: Spektrum der Wissenschaft, Dossier: Datenautobahn, o.J., Ausgabe 2/95, S. 22-31 [Cerf (1995)].

Chaouli, Michel, Cyberbanking - Nach Lust und Laune in: Wirtschaftswoche, 48. Jahrgang, Ausgabe 50/94 vom 8.12.94, S. 124-126 [Chaouli (1994)].

Charlier, Michael / Karepin, Rolf, Globaler Marktplatz - immer mehr Unternehmen entdecken den weltumspannenden Datenhighway als innovatives Marketinginstrument, in: Wirtschaftswoche, 48. Jahrgang, Ausgabe 48/94 vom 24.11.1994, S. 56-64 [Charlier/Karepin (1994)].

Chaum, David, Achieving Electronic Privacy, in: Scientific American, Vol. 270, Ausgabe August 1992, S. 96-101 [Chaum (1992)].

Chip-Kartenprojekt Ravensburg/Weingarten (Hrsg.), GeldKarte - ein weiterer Schritt zur Automation des Bargeldes, Weingarten 1995 [Chip-Kartenprojekt (1995)].

Christoffersen, Per / Hald, Flemming, Security in chip and magnetic card applications using PINPads, in: tec, o.J., Ausgabe 1/95, S. 24-28 [Christoffersen/Hald (1995)].

Cimiotti, Gerd, Chips: Verändern die kleinen Riesen die Kartenwelt?, in: Bankinformation / Genossenschaftsforum, 22. Jahrgang, Ausgabe 3/95, S. 62-65 [Cimiotti (1995)].

Cortese, Amy / Holland, Kelley, What's the Color of Cybermoney?, in: BusinessWeek, o.J., Ausgabe vom 27.02.95, S. 36-37 [Cortese/Holland (1995)].

CyberCash, The Secure Internet Payment Service, im Internet: http://www.cybercash.com/cybercash/product/secure.html (Stand: 22.01.1996) [CyberCash (1996)].

Deutsche Telekom AG, PayCard - Telefonieren und Fahrkarten kaufen - bargeldlos-, o.O. o.J. [Telekom (o.J.)].

Deutschman, Alan, All E-Money is not created equal, in: worth, o.J., Ausgabe Oktober 1995, S. 98 [Deutschman (1995)].

Diepen, Gerhard / Sauter, Werner, Wirtschaftslehre für den Bankkaufmann, 2.Auflage, Wiesbaden 1989 [Diepen/Sauter (1989)].

DigiCash, DigiCash - An Introduction to ecash, im Internet:
http://www.digicash.com/publish/ecash_intro/ecash_intro.html
(Stand:18.12.95) [DigiCash (1995c)].

DigiCash, DigiCash ecash - about ecash, im Internet:
http://www.digicash.nl/ecash/about.html (Stand: 27.11.1995) [DigiCash
(1995b)].

DigiCash, DigiCash publications - David Chaum´s testimony for US House of
Representatives, im Internet:
http://www.digicash.com/publish/testimony.html (Stand: 18.12.95)
[DigiCash (1995d)].

DigiCash, Electronic Cash: What it is and what it means, o.O. o.J. [DigiCash
(o.J.)].

DigiCash, First Bank to Launch Electronic Cash, in: DigiCash News Release,
Amsterdam 1995 [DigiCash (1995a)].

Drewes, Guido / Grichnik, Dietmar / Lowis, Stephan, Banking im Internet, im
Internet: http://rrz.uni-koeln.de/wiso-fak/bankseminar/links/banking.html
(Stand: 2.4.1996) [Drewes/Grichnik/Lowis (1996b)].

Drewes, Guido / Grichnik, Dietmar / Lowis, Stephan, Deutsche Banken im
Internet, im Internet: http://www.rrz.uni-koeln.de/wiso-
fak/bankseminar/links/banken.html (Stand: 2.4.1996)
[Drewes/Grichnik/Lowis (1996a)].

Dworschak, Manfred, Netzbeschmutzer ausgeklinkt, in: Die Zeit Dossier,
51. Jahrgang, Ausgabe Nr. 4 vom 19.01.1996, S. 15-17 [Dworschak
(1996)].

Effing, Wolfgang, Welcher Chip für welche Karte?, in: cards Karten cartes,
6. Jahrgang, Ausgabe 3/95 , S. 27-29 [Effing (1995)].

Fey, Jürgen / Hüskes, Ralf / Kossel, Axel, Kommerzfalle Internet, in: c't, o.J.,
Ausgabe 9/95, S. 140-142 [Fey/Hüskes (1995)].

Fey, Jürgen / Kunze, Michael, Schwimmen im Infopool - Auf dem Weg zur
   globalen Informationsgesellschaft, in: c't, o.J., Ausgabe 4/95, S. 168-172
   [Fey/Kunze (1995)].

First Virtual, FV: Account Application, im Internet: http://www.fv.com:80/newact
   (Stand:27.11.1995) [First Virtual (1995c)].

First Virtual, FV: Corporate Brochure, im Internet:
   http://www.fv.com:80/brochure/index.html (Stand: 27.11.95) [First Virtual
   (1995b)].

First Virtual, FV: Payment System Summary, im Internet:
   http://www.fv.com/info/intro.html (Stand: 27.11.1995) [First Virtual
   (1995a)].

Five Paces Software, Internet Banking and Security, im Internet:
   http://www.sfnb.com/fivepaces/wpaper.html (Stand: 27.11.1995) [Five
   Paces Software (1995)].

Fox, Dirk, Krypto-Neid, in: c't, o.J., Ausgabe 6/95, S. 46 [Fox (1995)].

Frank, Gertraud, Neuere Entwicklungen im elektronischen Zahlungsverkehr,
   Frankfurt 1990 [Frank (1990)].

Fulda, Hendrik, Sicherheit im Internet - Streitgespräch, 3. Frankfurter Finanz
   Forum am 22.2.1996 in Bad Homburg [Fulda (1996b)].

Gaal, Winfried, Was macht eine gute Chipkarte aus?, in: cards Karten cartes,
   5. Jahrgang, Ausgabe 1/94, S. 10-15 [Gaal (1994)].

Gabler Wirtschafts-Lexikon, 12.Auflage, Wiesbaden 1988 [Gabler Wirtschafts-
   Lexikon (1988)].

Giesecke & Devrient, Chipkarten, o.O. o.J., S. 6 [Giesecke & Devrient (o.J.)].

Hagenmüller, Karl Friedrich / Jacob, Adolf-Friedrich, Der Bankbetrieb, Band II,
   Kredite und Kreditsurrogate, 5. Auflage, Wiesbaden 1987
   [Hagenmüller/Jacob (1987)].

Hardes, Heinz-Dieter / Rahmeyer, Fritz / Schmid, Alfons, Volkswirtschaftslehre,
   17. Auflage, Tübingen 1990 [Hardes/Rahmeyer/Schmid (1990)].

Harmsen, Dirk-Michael / Weiß, Gerhard / Georgieff, Peter, Automation im Geldverkehr - Wirtschaftliche und soziale Auswirkungen", Opladen 1991 [Harmsen/Weiß/Georgieff (1991)].

Heitmüller, Hans-Michael, Es bleibt nichts wie es war, in: Deutsche Sparkassen Zeitung, 59. Jahrgang, Ausgabe 20 vom 12.03.1996, S. 1f [Heitmüller (1996)].

Hoffmeister, W., Sicherheit à la Carte, in: geldinstitute, 25. Jahrgang, Ausgabe 6/94, S. 98-99 [Hoffmeister (1994)].

Hüskes, Ralf, Virtuelles Geld, in: c't, o.J., Ausgabe 4/95, S. 224-225 [Hüskes (1995)].

Jejina, Igor, Der Chipkarte gehört die Zukunft, in: Betriebswirtschaftliche Blätter, 43.Jahrgang, Ausgabe 1/94, S. 12-14 [Jejina (1994)].

Judt, Ewald / Gruber, Edith, Automatisierte Zahlungskarten-Abwicklung am Point of Sale, in: Österreichisches Bank-Archiv, 43. Jahrgang, Ausgabe 5/95, S. 353-359 [Judt/Gruber (1995)].

Judt, Ewald, Chipkarte zwischen Bank und Markt, in: cards Karten cartes, 5. Jahrgang, Ausgabe 3/Aug. 94, S. 18-22 [Judt (1994)].

Klau, Peter, Cyberdollars hoch im Kurs, in: PC-Online, o.J., Ausgabe 8/95, S. 90-91 [Klau (1995)].

Klau, Peter, Das Internet: weltweit vernetzt, 1. Auflage, Vaterstetten bei München 1994 [Klau (1994)].

Klein, Stephan / Kubicek, Herbert, Elektronische Geldbörse auf dem Vormarsch, in: Bank Magazin, o.J., Ausgabe 4/95, S. 34-38 [Klein/Kubicek (1995)].

Kling, Arnold, Banking, in: http://www.homefair.com:80/homefair/banking.html [Stand:12.12.1995] [Kling (1995)].

Köhntopp, Kristian, Weltweit vernetzt, in: c't, o.J., Ausgabe 2/93, S. 82-85 [Köhntopp (1993)].

Kruse, Dietrich, Der Chipkarte gehört die Zukunft, in: Betriebswirtschaftliche Blätter, 44. Jahrgang, Ausgabe 5/95, S. 241-243 [Kruse (1995)].

Kruse, Dietrich, Die elektronische Geldbörse, in: geldinstitute, 24.Jahrgang, Ausgabe 11/12-93, S. 58-61 [Kruse (1993)].

Kuckelkorn, Dieter, Elektronische Geldbörse: von Großbritannien in die ganze Welt?, in: cards Karten cartes, 6. Jahrgang, Ausgabe 1/Feb. 1995, S. 22-23 [Kuckelkorn (1995)].

Kunze, Michael, Das Netz, der Müll und der Tod, in: c't, o.J., Ausgabe 9/95, S. 144-147 [Kunze (1995)].

Kurzidim, Michael, Bare Münze, in: c't, o.J., Ausgabe 4/95, S. 174-180 [Kurzidim (1995)].

Kutler, Jeffrey, Sparks Fly on Electronic Money, in: American Banker, o.J., Ausgabe vom 4.8.95, S. 14-15 [Kutler (1995)].

Lederer, Anno, „Börsenfunktion" im Chip, in: Banking & Finance, o.J., Ausgabe 7/93, S. 12-15 [Lederer (1993)].

Maes, Philippe, Chipkarte als elektronische Geldbörse, in: dynamik im handel, 37. Jahrgang, Ausgabe 11/93, S. 38-42 [Maes (1993)].

MAKU Informationstechnik GmbH/Siemens Nixdorf Informationssysteme AG, FACE LINE - Automatische Gesichtsidentifikation am ProCash 400, o.O. o.J. [MAKU/Siemens (o.J.)].

Mark Twain Bank, Ecash Fee Schedule, im Internet: http://www.marktwain.com/fee.html (Stand: 19.02.1996) [Mark Twain Bank (1996a)].

Mark Twain Bank, Mark Twain Bank Announces, im Internet: http://www.marktwain.com/newfeean.html (Stand: 19.02.1996) [Mark Twain Bank (1996b)].

Martin, Andreas, Die Auswirkungen des Chips auf die Zahlungssysteme der Kreditwirtschaft, in: cards Karten cartes, 7. Jahrgang, Ausgabe 1/Februar 1996, S. 32-36 [Martin (1996)].

Meister, Edgar, Der europäische Binnenmarkt für Finanzdienstleistungen (Vortrag im Rahmen eines Europaseminars), Frankfurt am Main, 3. Februar 1995; zitiert in: c't, o.J., Ausgabe 4/95, S. 225 [Meister (1995)].

Meyer, Carsten, Gezinkte Karten, in: c't, o.J., Ausgabe 11/95, S. 24-25 [Meyer (1995)].

Milkau, Udo, Online-Investment-Banking und WWW bei der Dresdner Bank Investmentgruppe, Vortrag im Rahmen des 3. Frankfurter Finanz Forums am 22.2.96 in Bad Homburg [Milkau (1996)].

Minister für Wirtschaft, Mittelstand und Technologie des Landes Nordrhein-Westfalen (Hrsg.), Neues im Westen - Chipkartentechnologie, Düsseldorf 1988 [Minister für Wirtschaft (1988)].

Mondex, FAQs, im Internet: http://www.mondex.com/mondex/faq.htm (Stand: 18.01.1996) [Mondex (1996e)].

Mondex, Franchises, im Internet: http://www.mondex.com/mondex/fran.htm (Stand: 18.01.1996) [Mondex (1996c)].

Mondex, Mondex at a glance, im Internet: http://www.mondex.com/mondex/glance.htm (Stand: 18.01.1996) [Mondex (1996d)].

Mondex, Mondex ATMs, im Internet: http://www.mondex.com/mondex/atms.htm (Stand: 18.01.1996) [Mondex (1996b)].

Mondex, Mondex on the Internet, im Internet: http://www.mondex.com/mondex/net.htm (Stand: 18.01.1996) [Mondex 1996f)].

Mondex, MONDEX telephone, im Internet: http://www.mondex.com/mondex/phone.htm (Stand: 18.01.1996) [Mondex (1996g)].

Mondex, the electronic wallet, im Internet: http://www.mondex.com/mondex/wallet.htm (Stand: 18.01.1996) [Mondex 1996h)].

Mondex, What about privacy?, im Internet:

http://www.mondex.com/mondex/anon.htm (Stand: 18.01.1996) [Mondex (1996a)].

Morschhäuser, Berthold, Elektronische Geldbörse - eine große kollektive Marketingaktion, in: bank und markt, 24. Jahrgang, Ausgabe 7/Juli 95, S. 23-24 [Morschhäuser (1995)].

Morschhäuser, Berthold, Langsamer Abschied vom Groschen-Geschäft?, in: cards Karten cartes, 5. Jahrgang, Ausgabe 4/November 94, S. 35ff [Morschhäuser (1994)].

Mura, Jürgen, Sparkassenorganisation und technischer Fortschritt (1) - Die Phase der Mechanisierung - Historische Dokumentation, in: Sparkasse, 101. Jahrgang, Ausgabe 3/1984, S. 111-117; zitiert in: Harmsen, Dirk-Michael / Weiß, Gerhard / Georgieff, Peter, Automation im Geldverkehr - Wirtschaftliche und soziale Auswirkungen", Opladen 1991, S. 45 [Mura (1984)].

Netchex, Security, im Internet: http://www.netchex.com/security.html (Stand: 29.12.1995) [Netchex (1995)].

Nolden, Mathias, Das World Wide Web im Internet, Frankfurt/Main-Berlin 1995 [Nolden (1995)].

Nowak, Richard / Röder, Walter, Die Chip-Karte - nächste Generation der Automatenkarte, in: Betriebswirtschaftliche Blätter, 31. Jahrgang, Ausgabe 2/82, S. 48-53 [Nowak/Röder (1982)].

Otto, Siegfried, Das deutsche Kreditgewerbe hat die neuesten Technologien im Zahlungsverkehr im Griff, in: geldinstitute, 17. Jahrgang, Ausgabe 4/86, S. 39-44 [Otto (1986)].

O.V., Das Zeitalter des Multifunktionalen Chips ist angebrochen, in: GZS-Report, o.J., Ausgabe 2/94, S. 7-8 [O.V. (1994a)]

O.V., Elektronische Geldbörse in Südtirol schon Realität, in: geldinstitute, 25. Jahrgang, Ausgabe 9/94, S. 20 [O.V. (1994b)].

O.V., Die Chipkarte als elektronische Geldbörse, in: geldinstitute, 26. Jahrgang, Ausgabe 6/95, S. 44 [O.V. (1995a)].

O.V., Kontaktlose Chipkarte: Revolutioniert sie das Verkehrswesen?, in: cards Karten cartes, 6. Jahrgang, Ausgabe 3/August 1995, S. 29 [O.V. (1995b)].

O.V., Schönes neues Plastikgeld, in: com! - das BTX-Magazin, o.J., Ausgabe August 95, S. 18-21 [O.V. (1995c)].

O.V., Stille Post, in c't, o.J., Ausgabe 9/95, S. 141 [O.V. (1995d)].

O.V., Mondex, die weltweite Alternative zum Bargeld, in: geldinstitute, 26. Jahrgang, Ausgabe 9/95, S. 40-41 [O.V. (1995e)].

O.V., Österreich bei Chipkarte in Vorreiterrolle, in: geldinstitute, 26. Jahrgang, Ausgabe 9/95, S. 48-49 [O.V. (1995f)].

O.V., Datenschutzbeauftragter lobt die ParkCard in: Süddeutsche Zeitung, 51. Jahrgang, Ausgabe Nr. 294 vom 21.12.95, S.43 [O.V. (1995g)].

O.V., Der Anschluß an das Weltnetz, in: FOCUS, Ausgabe 4/96, S. 119 [O.V. (1996)].

Ploenzke (Hrsg.), Electronic Banking im Vertrieb, Wiesbaden 1995 [Ploenzke (1995)].

Pöppe, Christoph, Der Data Encryption Standard, in: Spektrum der Wissenschaft, Dossier: Datenautobahn, o.J., Ausgabe 2/95, S. 96-102 [Pöppe (1995)].

Quelle AG, Willkommen bei Ihrer Quelle, im Internet: http://www.quelle.de (Stand: 28.03.1996) [Quelle (1996)].

Reif, Holger, Netz ohne Angst, in: c't, o.J., Ausgabe 9/95, S. 174-183 [Reif (1995a)].

Reif, Holger, Peinliche Panne, in: c't, o.J., Ausgabe 11/95, S. 26 [Reif (1995b)].

Rodewald, Bernd, Die geschäftspolitische Bedeutung der Chipkartentechnologie, in: cards Karten cartes, 5. Jahrgang, Ausgabe 1/94, S. 5-9 [Rodewald (1994)].

Röder, Walter, electronic cash mit Chipkarte vom Handel gewünscht, in:
Betriebswirtschaftliche Blätter, 42. Jahrgang, Ausgabe 4/93, S. 170-174
[Röder (1993)].

Schneider, Michael, Elektronischer Handel im World Wide Web aus juristischer
Sicht, in: Computerwoche, 22. Jahrgang, Ausgabe 8 vom 24.2.1995, S. 69-
70 [Schneider (1995)].

Schürmann, Hans, Firewall macht Hackern Leben schwer, in: Handelsblatt, o.J.,
Ausgabe Nr.12 vom 17.01.1996, S. 25 [Schürmann (1996)].

Schuster, Leo (Hrsg.), Revolution des Zahlungsverkehrs durch Automation,
Stuttgart 1984 [Schuster (1984)].

Schuster, Leo /Wagner, Andreas, Security aspects of card systems, in: tec, o.J.,
Ausgabe 1/95, S. 39-43 [Schuster/Wagner (1995)].

Schuster, Leo, Trends im deutschen Bankwesen, in: Zeitschrift für das gesamte
Kreditwesen, 48. Jahrgang, Ausgabe 18 vom 15.09.1995, S. 12-17
[Schuster (1995)].

Security First Network Bank , Security, im Internet:
http://info.sfnb.com/security.html (Stand: 27.11.1995) [Security First
Network Bank (1995b)].

Security First Network Bank, SFNB-Information Desk FAQ, im Internet:
http://info.sfnb.com/faq_h.html (Stand: 27.11.1995) [Security First
Network Bank (1995a)].

Seeger, Christoph / Palan, Dietmar, Ideale Zielgruppe, in: Wirtschaftswoche,
50. Jahrgang, Ausgabe Nr.11 vom 07.03.1996, S. 210-211 [Seeger/Palan
(1996)].

Seeger, Christoph, Alles ist zu knacken, Interview mit Hendrik Fulda, in:
Wirtschaftswoche, 50. Jahrgang, Ausgabe Nr. 11 vom 07.03.1996, S. 213
[Seeger (1996)].

Software Agents Inc., What Is Virtual Cash?, im Internet: http://www.teleport.com/~netcash/nvcash.html (Stand: 29.12.1995) [Software Agents (1995)].

Sparkasse Dachau (Hrsg.), Zeitgemäß zahlen - elektronisch kassieren mit dem City Server , Dachau o.J [Sparkasse Dachau (o.J.)].

Stahel, Rolf, Die PTT als Substitutionskonkurrentin der Banken im Zahlungsverkehr, in: Schuster, Leo (Hrsg.), Revolution des Zahlungsverkehrs durch Automation, Stuttgart 1984, S. 113-137 [Stahel (1984)].

Strassel, Kimberly A., Technology in Business - A Pioneer in Cyberspace Promotes Electronic Cash, in: The Wall Street Journal Europe, Ausgabe vom 13.4.1995, S. 4 [Strassel (1995)].

Straub, Ewald, Electronic Banking - Die elektronische Schnittstelle zwischen Banken und Kunden, Diss., Bern-Stuttgart 1990 [Straub (1990)].

Struif, Bruno, Chipkarten - eine neue Dimension in der Informations-Technik, in: Minister für Wirtschaft, Mittelstand und Technologie des Landes Nordrhein-Westfalen (Hrsg.), Neues im Westen - Chipkartentechnologie, Düsseldorf 1988, S. 1-14 [Struif (1988)].

Struif, Bruno., Das SmartCard-Anwendungspaket STARCOS, in: Der GMD-Spiegel, 22. Jahrgang, Ausgabe 1/92, S. 28-34 [Struif (1992)].

Titschack, Ingo, Virtureal gesehen, in: Betriebswirtschaftliche Blätter, 44. Jahrgang, Ausgabe 5/95, S. 246 [Titschack (1995)].

Wagner, Andreas, Grundlagen der Bankbetriebslehre, Vorlesung im 5. Semester, Folie Nr. 131, Wintersemester 1995/96 [Wagner (1995/96)].

Walkhoff, Henner, An der Kasse mit Karte zahlen liegt im Trend, in: Betriebswirtschaftliche Blätter, 42. Jahrgang, Ausgabe 4/93, S. 162-164 [Walkhoff (1993)].

Walkhoff, Henner, Zahlungsverkehr im Wandel, in: Deutsche Sparkassen Zeitung, 59. Jahrgang, Ausgabe Nr. 20 vom 12. März 1996, S. VI (Beilage CeBIT '96) [Walkhoff (1996)].

Waschkowski, Hans, SB-Terminals: Künftige Relevanz aus Sicht der Kreditinstitute, in: Ploenzke (Hrsg.), Electronic Banking im Vertrieb, Wiesbaden 1995, S. 19-47 [Waschkowski (1995)].

Wawrzinek, Stephan, Virtual Reality - neue reale künstliche Welten, in: Betriebswirtschaftliche Blätter, 44. Jahrgang, Ausgabe 5/95, S. 244-247 [Wawrzinek (1995)].

Weikmann, Franz, SmartCard Chips - Technik und weitere Perspektiven, in: Der GMD-Spiegel, 22. Jahrgang, Ausgabe 1/92, S. 35-40 [Weikmann (1992)].

Wells Fargo, Welcome to Online Banking!, im Internet: http://wellsfargo.com/olchoice (Stand: 2.4.1996) [Wells Fargo (1996)].

Wigand, Winfried, Die Karte mit dem Chip, Berlin-München 1991 [Wigand (1991)].

Yogeshwar, Ranga / Hallet Thomas, Die Datenautobahn - Einfach erklärt, Band der Schriftenreihe Quarks Script, hrsg. von WDR Fernsehen, o.O. o.J. [Yogeshwar/Hallet (o.J.)].

Zellekens, Hermann-J., Die elektronische Geldbörse - eine Fata Morgana?, in: dynamik im handel, 38. Jahrgang, Ausgabe 8/94, S. 23-26, S. 74 [Zellekens (1994)].

Ehrenwörtliche Erklärung

Ich erkläre hiermit ehrenwörtlich, daß ich die vorliegende Arbeit selbständig angefertigt habe; die aus fremden Quellen direkt oder indirekt übernommenen Gedanken sind als solche kenntlich gemacht.

Die Arbeit wurde bisher keiner anderen Prüfungsbehörde vorgelegt und auch noch nicht veröffentlicht.

Ich bin mir bewußt, daß eine unwahre Erklärung rechtliche Folgen haben wird.

Ingolstadt, den 19. Juni 1996

Diplom.de

- **Online-Katalog**
  mit mehreren tausend Studien

- **Online-Suchmaschine**
  für die individuelle Recherche

- **Online-Inhaltsangaben**
  zu jeder Studie kostenlos einsehbar

- **Online-Bestellfunktion**
  damit keine Zeit verloren geht

**Wissensquellen
gewinnbringend nutzen.**

**Wettbewerbsvorteile
kostengünstig verschaffen.**